依頼者の
心と
向き合う!

事件類型別エピソードでつかむ

リーガルカウンセリングの手法

笹瀬健児
編著
山岡昌之
監修

第一法規

推薦のことば

カウンセリングの技法を取り入れてこそ充実した弁護活動ができる。なにより弁護士倫理の中核たる弁護士職務基本規程もリーガルカウンセリングに基づいた活動を想定している。笹瀬健児弁護士はその信念に基づいて幾つもの難事件に挑戦し、解決してきた。それらを詳細に紹介する紙幅はないが、解決に至った事件の話を聞いて唸らされたことは数知れない。

この本は、笹瀬健児の実り多い弁護士人生の中間報告ともいうべきだろうか。

本書の構成は２部に分かれる。前半の理論編では、リーガルカウンセリングとは何か、について倫理的哲学的な考察を含めて語られる。これらはカトリックの神学的素養に裏打ちされた深いもので、知的な刺激を受けつつ、弁護士の在り方についてまで考えさせられるものだ。経験豊かな心療内科医の山岡昌之先生や臨床心理士の諏訪裕子先生が専門的見地からコメントされていることもこの本の深みを増している。

そして後半の実践編はレッツプラクティス！弁護士がしばしば直面するいくつかの事件類型において、漫然と依頼者、あるいは相手方に対応するシーンと、リーガルカウンセリングの技法を取り入れて対応するシーンとを、それぞれの問答により対比する。それぞれのシーンごとに問題点を指摘し、あるいは重要なポイントを評価するという、文字通り実践的なものだ。経験の浅い弁護士のみならず、ベテラン弁護士であってもハッとさせられることがいくつもあるに違いない。もちろん弁護士のみならず、他士業あるいは一般の人たちにとっても日常生活で活かせる交渉術の指南書になっている。

そんなわけで、文字通り、面白くてためになる。私が本書を推薦するゆえんである。

2020年11月

櫻井光政（弁護士）

監修に寄せて

私は本書において、「リーガルカウンセリング」という言葉を「心療法律相談」と翻訳することを提唱する。

医師が心理療法を使ってクライエントを「治療」するのが心療内科であるが、本書には、弁護士が心理療法を使ってクライエントの「心を癒す」、それを法律相談の中で行える弁護士になりなさいというメッセージが込められている。そのような弁護士になるための理論と手法が本書において明らかにされている。

将来の社会・人類の幸福を担う多くの弁護士、とりわけ若手弁護士が、本書により、リーガルカウンセリングのマインドを身につけることを切に願う。

私は、「高度かつ大型の医療機器を駆使する専門分化した臓器医療が進めば進むほど、かえって医療のソフト面としての医師（治療者）とクライエントとの心の交流、すなわち医師とクライエントとの相互主体的な信頼関係の確立が、より大切になってくる」という考えから心療内科という道を選んだ。弁護士業務においても医療と同様に、扱うべき内容が急速に拡大していると考えられる。時代とともに、訴訟内容、紛争事項も多岐にわたり、専門的に特化した知識や経験が必要となってきているが、詰まるところは、人と人の間のトラブルが引き起こした問題であり、その紛争解決の基本は信頼関係のつくり方にある。

つまり、すべての弁護士業務の基本は、「心療法律相談」、すなわち、「リーガルカウンセリング」にあるといっても過言ではないであろう。

2020年11月

山岡昌之（心療内科医）

はじめに

私が本書を著した動機は、私自身のためである。

私は、毎日のようにリーガルカウンセリングを行っているが、いつも、「本当はどのような理念に基づいてリーガルカウンセリングはなされなければならないものなのだろうか」とか、「果たして私はよい態度でクライエントに接しているのだろうか」とか、「クライエントの話がよく聴けているのだろうか」とか、「クライエントは顔には出さないが、もしかしたら不愉快な思いをされているのではないだろうか」とか、様々な思いがよぎる。

そんな中で、私なりに模索し、おぼろげながらみえてきたものもある。

それを道標として残しておけば、自分としても助かると思い、これらを書くことにしたのである。それほど私は迷いやすい。

その意味で、これから書くことは、最終的な結論でもなく、確固たる意見でもなく、まして、絶対的な真理などでも毛頭ない。

あくまで、私の個人的かつ主観的な経験に彩られたものであるうえ、文字になると同時に、直ちに無数の誤謬を孕むであろうことも承知している。

そんな個人的なものを、今回、書籍の形で公開しようと考えたのは、ロジャーズの次の言葉に勇気付けられたからである。

「最も個人的なものは最も普遍的なものである。……私たちひとりひとりのなかにある最も個人的でユニークなものが、表現されたり、伝わったりすると、他人に最も深く語りかける重要な要因になるのだと、私は信じるようになった。」(H.カーシェンバウム＝V.L.ヘンダーソン編・伊藤博＝村山正治監訳『ロジャーズ選集（上)』誠信書房、2001年)。

私の個人的なものが、皆さんに最も深く語りかける重要な要因になるのならば、私としてはこれほど嬉しいことはない。

2020年11月

弁護士　笹瀬健児

目次

依頼者の心と向き合う!

事件類型別エピソードでつかむ

リーガルカウンセリングの手法

第3章　リーガルネゴシエーションの基礎

実践編

第4章 リーガルカウンセリング・リーガルネゴシエーションの技法

第5章 リーガルカウンセリング・リーガルネゴシエーションの実践

理論編

科学性を欠いたリーガルカウンセリングは盲目であり、
人間性を欠いたリーガルカウンセリングは空虚である。

第１章 リーガルカウンセリングの前提

第１節 カウンセリングルーム

何事にも「形」があり、「内容」がある。不思議なことに、「形」がよいものは「内容」も優れていることが多い。だから、「形から入る」というのは、優れて実践的な知恵である。

リーガルカウンセリングについても、まずは「形」から入るのがよかろう。「形」であるカウンセリングルームには、特に意を用いなければならない。座り心地の悪いパイプ椅子とスチールのテーブルを、食卓用に買う者はいない。では、どうしてカウンセリングルームはそれでよいと考えるのか。場末のスナックでさえ、法律事務所の相談室よりも工夫が凝らされている。これではサービス業としての自覚がないといわれても仕方がない。

特別な人と特別な時間を過ごすためには、特別の場所が選ばれるものだ。大切にされていると実感できるスペースであってこそ、閉ざされた心は開かれるのである。

私の事務所のテーブルは、卵形をしている。卵は命の象徴である。傷ついた魂が命を取り戻す場でありたい。そんな思いが込められているのである。電話は柔らかいメロディーを奏で、ＢＧＭにヒーリングミュージックが流れる。チーク材のパーテーションと曲げ木のオーダーメイドチェアーは優しくクライエントを包み込む。目をやれば、ランプの柔らかい光が銅細工のこびとたちを照らす。

この温かさに励まされて、クライエントは命を取り戻すための一歩を踏み出すのである。

つぶやき

ある民事裁判官曰く「転勤して真っ先にすることは、管轄内の地名を覚えること。どれほど訴訟指揮や和解がうまくても、一般人にはわからない。これに対し、地名を読み違えるという誤りは、あまりにわかりやすく、それだけで無能な裁判官とのレッテルを貼られかねない」。

COLUMN　リーガルカウンセリングの空間――小椋利文

（一社）すまい・カウンセリング協議会代表理事

「場」の重要性

住宅の相談に関わっていると、住まいに関するトラブルにまきこまれ、特に住環境を傷つけられた人々の心の痛手が想像以上に大きいことを思い知らされる。

事業者の不注意で住まいに傷がついたり、汚損されたりしただけで、人々はまるで自らの身体が傷つけられたような痛みを訴えるし、長期間解決しない雨漏りにさらされたりすると、そのストレスで心の平衡を失ってしまうこともある。

こうしたことが示すように、環境が私たちの心のありように大きく関わっていることが、幅広い学問領域で認識されつつある。

生体を構成する分子は、遺伝情報によってその構造が決められており、ヒトの知覚情報の認識システムも遺伝的に規定されているのだが、ヒトの認知や行動の仕方がそれですべて決定されているというわけではなく、脳には過去における環境との関わり合い、試行錯誤の歴史が蓄積され、それによって脳のいわば配線が変えられるといわれている。

ここでいう環境とは、物理的な空間と、その空間の中に存在するすべてのものとの相互関係を指すが、ヒトは脳と肉体の連携作業によって環境と絶え間なく関わり合いながら、環境に柔軟に適応できる高い融通性を維持していると考えられる。

こうした環境との関わりから、われわれの「記憶」についても、それは脳に貯蔵される「もの」ではなく、動物・環境という連鎖体系の特性として、環境にいわば埋め込まれているという知見さえ提示されている。記憶はアイデンティティを形成する重要な要素であるから、われわれの自己そのものが、環境の中に分散されていることになる。

このように、環境の持つ意味は、われわれの存在自体を形成する１つの要素として、想像以上に大きいといえるのである。

カウンセリングの空間

リーガルカウンセリングにおいては、トラブルを抱えたクライエントが対象であって、もともと強いストレスを抱えて相談にやって来る。また当然、こうした人々の思いを受け止める援助者にも強いストレスがかかる。こうしたリーガルカウンセリングの場、すなわち環境をどのようにしつらえるのかは、カウンセリングの手法や内容とともに大きな意味を持つ。

近年、特に米国においてわれわれの身体や心の健康に資する環境についての研究が盛んに行われ、エビデンスに基づいたデザインが、主に病院建築などで行われているので参考になる。

嚆矢となったのは、Roger Ulrich（University of Delaware）の研究（1984年）で、ペンシルベニアの郊外の病院で、手術を受けた46人の患者をレンガの壁がみえる部屋と木立がみえる部屋の23のペアに分け、記録を分析したものである。結果は明白で、木立がみえる部屋の方が、レンガの壁がみえる部屋より痛み止めの処方が少なく、不満の表明も少なく、ほぼ１日早く退院。メディカルケアのコストは500ドル低いというものであった。

Kuo & Faber Taylor（2004年）は、行動観察とインタビューを用いており、大きな木々を用いた住宅地においては、人々をアウトドアへとひきつけ強い社会的結び付きを発達させること、また子どものＡＤＨＤの発現レベルが低いことを見いだし、緑と触れ合う時間を供給することは、行動療法や投薬の補助になると報告している。一般に自然が持つヒーリング効果は大きく、ヒトの免疫システムに寄与する可能性も指摘されている。

空間を構成する物理的環境要素は、空間の大きさ、形、明るさ、温熱環境、家具の形状、壁面の模様、皮膚感覚、香りなど多岐にわたるが、これらについても認知に与える影響に関して様々な研究が行われている。

・オフィスのような内装（照明、室内装飾）に比較して住宅のような内装の部屋が親密なコミュニケーションをもたらす可能性がある（Gifford

（1988年））。

・曲線で描かれた角がない模様の部屋（曲線条件）と、直線で描かれた角がある模様の部屋（直線条件）において、未知の他者とのゲームを行わせた場合、直線条件において相手に対して攻撃的な選択肢を選ぶ可能性が高まる（Hess, Gryc, and Hareli（2013年））。
・異なる室温の条件下での実験において、暖かい条件（22～24℃）だと涼しい条件（15～18℃）よりも、実験者を身近に感じる（IJzerman and Semin（2009年））。
・木製のかたい椅子に座っている場合に、クッション付きのやわらかい椅子に座っている場合に比較して、交渉場面における意思決定が妥協の程度が小さくなる、つまり「かたく」なる（Ackerman, Nocera, andBargh（2010年））。

開かれた対話と空間へ

これからカウンセリングルームのデザインを行おうとする場合、こうした知見をデザインの評価ポイントとして活用することは有効であると思われるが、大切なことは、あくまでクライエントを中心に置き、それぞれのクライエントの認知にその環境がどう影響しているのかについて常に気を配ることでないかと考える。

最近、精神医療の分野で、オープンダイアローグという手法が注目されている。1980年代にフィンランドで始まったもので、患者や家族から連絡を受けた医療チームが24時間以内に訪問し、ミーティングを行いながら症状緩和を目指す療法である。ミーティングの参加者は患者、家族、医師、看護師、セラピストらで、参加者全員が平等な立場で発言し、専門家同士で行われる話合いもすべて患者の前で行われる。オープンダイアローグを導入してから統合失調症患者の入院治療期間が短縮され、服薬が必要な患者の割合も減少、症状の再発率も減少したという。精神医療に大きな変革をもたらすものとして期待を寄せられている。依存症や引きこもりなどにも有効であるという。

オープンダイアローグの基本は、私と他者がある出来事において、お互いの存在を肯定し認めることにある。最近問題となっているＤＶや虐待などは反対に、閉じられたモノローグの結果であり、孤立し、閉じた環境とも相関があるのではないかと考えられる。残念ながらいまのところ明確な方法論を持つに至っていないが、リーガルカウンセリングの空間を考えるうえで、「開かれた」というキーワードは空間のメタファーとしても魅力的であり、大きな可能性があると思われる。

〔参考文献〕

ルイーズ・バレット・小松淳子訳『野生の知能－裸の脳から、身体・環境とのつながりへ－』インターシフト（2013年）
Timothy Beatley, Carla Jones, Reuben Rainey『HEALTHY ENVIRONMENTS, HEALING SPACES』University of Virginia Press（2018年）
石川敦雄＝楠見孝「室内の物理的環境から対人認知・行動への潜在的影響過程」京都大学　Japanese Psychological Review 2015, Vol. 58, No.4, 530-554頁
ヤーコ・セイックラ＝トム・アーンキル・斎藤環監訳『開かれた対話と未来－今この瞬間に他者を思いやる－』医学書院（2019年）

第２節　リーガルカウンセラー

1　リーガルカウンセラーの資質

リーガルカウンセラーの資質として最も大切なことは、自分自身についてよく知っていること、そして、あるがままの自分を認めていることである。自己概念と現実の自分の姿との間に乖離がある人は、リーガルカウンセラーには向かない。

あるがままの自分を認めることを拒んでいる人は、他人に自分の姿を知られることの怖れに常にさらされている。その人は自己開示ができない。無意識のうちに自己防衛規制が働いて、あるがままの自分とは異なる自己概念を維持しようと

努めるので、他人といると常に緊張を強いられ、疲れてしまう。

あるがままの自分を認めている人は、他人に自分が知られることの怖れから解放されている。その人は自己開示するので、他人も心を開く。そして、他人との心の交流を楽しみ、他人を愛しむ。

あるがままの自分を認められるようになるには、ある種の喪失体験を味わう必要がある。

はじめは喪失を否認し、泣き叫び、喪失を味わわせたものを憎む。そのような抵抗のエネルギーが枯渇したとき、次に深い喪失感が訪れる。虚無に支配された状態で心の闇を彷徨っていると、ある時、自分に出会う。

自分との出会いは、懐かしさと愛おしさの入り交じった、実に不思議な出会いとなる。「これからはこの自分で生きていこう」と素直に思えるようになる。あるがままの自分を受容し、自己一致が生まれ、「自己実現」が達成される。

リーガルカウンセラーの仕事は、命を喪って傷ついた魂が命を取り戻すための心理的風土となることである。そのような心理的風土としてのリーガルカウンセラーに向いているのは、傷ついた魂にとって何が必要かを体験により学んだ者だということである。

●治療的自己という風土……………………………………**山岡昌之（心療内科医）**

アメリカのワトキンスという心理学者が提唱した「治療的自己」という概念がある。それは、クライエントの治療経過に影響を及ぼす医師の医学的知識や診療技術、臨床経験以外の治療的な信頼関係のつくり方やクライエントとのやりとりの仕方に現れる人間的な部分を指すものとされている。ワトキンスは、この事象の原因は主治医の人格そのものがクライエントの病気を治す要素となっているからだと考えた。

私は、クライエントとは、これから美しい花が咲く種のような存在だと思っている。これまでの重篤なクライエントの治療を振り返ってみたとき、そのクライエントが本来持っている素晴らしい要素、植物に喩えれば美しい花の種、そこから自然に芽が出て育ち、咲いてくるということを幾度も経験した。大切なのは、発達促進的な心理的態度を持つ風土（環境）をつくることであり、言い換えれば、見守りの態度・雰囲気である。

●脆弱性を自己検証する……………………………三好洋子（三宿憩いの家 職員）

自分自身の弱さと脆さに気づいていたい、人間の脆弱性をわかっていたいと思う。

子どもたちと関わるとき、気を付けていること、それは、子どもとの関わりが自分の優位性を確かめるものであってはならないということ。どんなに怒っているときでも、その子とその親に対して失礼があってはならないと思う。

正直であること、誠実であること（自分の弱さを大人の権威でごまかさない）が子どもに信頼してもらえる大切な条件だと思う。大真面目ということではなく、むしろユーモアは大切である。

大人が子どもをみているその10倍、子どもは大人を感じている。本当に辛いときは細胞の１つひとつをアンテナにしていると思うことがある。自分自身が厳しく問われていると思う。

「自己検証」は１つの能力だと感じる。

対等にはなり得ない人間関係であることを自覚していたい。子どもが望むと望まざるとにかかわらず、一生墓場まで持って行きたい「痛切なプライバシー」を職権によって知らされている身である。「勾配のある人間関係」の高い位置にあることを忘れてはいけないと思う。

1996年に亡くなられた写真家の星野道夫さん。自然に対する畏敬の念と人の営みに対する限りないあたたかさと深い想いと。写真には星野さんの「まなざし」が映し出されてみる者を魅了する。

「いい写真を撮るコツは、よく観ることと、全体を観ることだ」という言葉は折に触れて思い出す。

2 リーガルカウンセリングとリーガルカウンセラー

リーガルカウンセリングが実とすれば、リーガルカウンセラーは木である。良い木は良い実を結ぶが、悪い木は悪い実しか結ばない。

だから良いリーガルカウンセラーであることが、良いリーガルカウンセリングには不可欠である。

「良いリーガルカウンセラー」については、実は明文化されている。弁護士職務基本規程がそれであり、次のような前文が置かれている。

「弁護士は、基本的人権の擁護と社会正義の実現を使命とする。その使命達成のために、弁護士には職務の自由と独立が要請され、高度の自治が保障されていている。

弁護士は、その使命を自覚し、自らの行動を規律する社会的責任を負う。よって、ここに弁護士の職務に関する倫理と行為規範を明らかにするため、弁護士職務基本規程を制定する」。

一見、一般的・抽象的にみえる弁護士職務基本規程には、実は、無数の先達の具体的な実務経験から得られた知恵が驚くほどに詰まっている。

味噌や醤油が料理に不可欠であるように、弁護士職務基本規程はリーガルカウンセラーの職務にとってなくてはならないものなのである。

3 リーガルカウンセラーの使命

（1）基本的人権の擁護

リーガルカウンセラーの使命の第１は「基本的人権の擁護」である。

憲法は、過去に侵害されることが多かった「基本的人権」をカタログとして掲げ保障する。

明文化された人権は、歴史の産物でもある。だから、時代が変われば、新しい権利を基本的人権と観念し、あるいは、これまでの保障内容や保障範囲を時代の要請に応じて見直し、広げ深める必要も生じてくる。

このように「基本的人権」は、生き物のように成長していく。何がその時代の「基本的人権」であるのか、それを見いだす使命をリーガルカウンセラーは負っている。

「基本的人権」の健全な成長を促す使命をリーガルカウンセラーは負っている。

何でもかんでも「基本的人権」の侵害だと声高に叫ぶことは、かえって「基本的人権」の不可侵性を脆弱なものにしてしまう。

それは「基本的人権」の「擁護」ではない。「擁護」は、自ら盾となり、不正な侵害を排斥する積極的な行動である。何が不正な侵害であるかについて、見極める力も必要になってくる。

「人権感覚」は「バランス感覚」でもある。もっとも「基本的人権の擁護」は、難解な話ではない。なぜなら、実務家の目の前には、具体的事件があるからである。

事実に深く立脚すると、おのずと何が擁護されなければならない基本的人権であるかが浮かび上がってくる。大切なことは、事実を掘り下げることである。事実を掘り下げた結果として、「基本的人権の擁護」が得られるのである。基本的人権の擁護を、抽象的な目標として掲げるよりは、事実を掘り下げたリーガルカウンセラーが刈り入れる実りと位置付ける方がよい。

畢竟、リーガルカウンセラーの使命は、まずもって事実を掘り下げることである。事実からは、何が正義、公平に資するかの価値判断が導き出される。この価値判断を法律構成に乗せ、守られるべき社会的利益に法の強制力が付与されたとき、まさに正義は実現し、基本的人権が名実ともに擁護される。

あたかも、設計図で描かれた建築物が建つように、基本的人権の擁護は具体的な形を得る。基本的人権が擁護された瞬間の深い感動を味わうこと、この経験が、リーガルカウンセラーが使命にふさわしい職務を行い続けるには、不可欠である。

（2）社会正義の実現

リーガルカウンセラーの使命の第2は「社会正義」の実現である。

金満家の「正義」、暴力団の「正義」、テロリストの「正義」。「正義」の名で語られることは多い。しかし、個々人が「正義」と思うところを実現することがリーガルカウンセラーの使命ではない。リーガルカウンセラーが実現するのは「社会正義」である。

「社会正義」とは、社会規範たる法が実現を予定する正義である。社会規範たる法は社会調和が実現されることを目指している。富の偏在が是正され、違法行為が抑止され、安全が確保される社会、すべての人が各々の幸福を追求する前提条件が整備・確保されている社会、社会規範たる法は、そのような社会の実現を予定しているのである。すべての人の基本的人権が擁護されている社会が、社会正義が実現されている社会である。社会正義の実現を阻害する活動は、外形上、基本的人権を擁護する活動にみえてもその実、基本的人権の擁護に名を借りた活動にすぎない。

「個」を扱う弁護士ではあるが「個」に与えられた結論は時として「全」に対

しても多大な影響を及ぼす。いかに判決が個別的効力を有するにすぎないといっても判決が国の判断である以上は、その影響力は社会全体に及ぶのである。

「個」が「全」に及ぼす影響、「全」が「個」に及ぼす影響、リーガルカウンセラーが職務を行う際には常にその双方を考える必要がある。

（３）職務の自由と独立

リーガルカウンセラーが基本的人権の擁護と社会正義の実現という使命を達成するため、リーガルカウンセラーの職務に不可欠なものは何か。

弁護士職務基本規程は、前文で「その使命達成のために、弁護士には職務の自由と独立が要請され」ると述べる。

したがって、リーガルカウンセラーの使命達成に不可欠なものは「職務の自由と独立」である。

では「職務が自由である」、「職務が独立である」とはどのような場面で実際に問題となるのか。

弁護士職務基本規程は、20条（依頼者との関係における自由と独立）で「弁護士は、事件の受任及び処理に当たり、自由かつ独立の立場を保持するように努める」と謳う。また、５章（組織内弁護士における規律）50条（自由と独立）でも「官公署又は公私の団体（弁護士法人を除く。以下これらを合わせて「組織」という。）において職員若しくは使用人となり、又は取締役、理事その他の役員となっている弁護士（以下「組織内弁護士」という。）は、弁護士の使命及び弁護士の本質である自由と独立を自覚し、良心に従って職務を行うように努める」と定める。

つまり、「自由」と「独立」は、主としてクライエントとの関係でとりわけ問題となるのである。クライエントは紛争当事者である。文字どおり紛争の真只中にいる。

そのため、クライエントは、自己の感情に押し流されてしまう。周りを見渡す余裕などない。だからクライエントの意向は、ともすれば自己中心的なものになりがちである。

クライエントの意向は、紛争の相手方や関係当事者の基本的人権の保障という理念から大きく外れたものであったり、社会正義に反する不適切な意向であることもままある。

リーガルカウンセラーの職務は、そのようなクライエントの意向を盲目的かつ無批判に実現することではない。

基本的人権の擁護及び社会正義の実現という使命を貫徹するためには、受任しないこともあるし、クライエントの希望する事件処理方針が基本的人権の擁護及び社会正義に反するときには、クライエントと大喧嘩することもある。

これは「基本的人権の擁護」、「社会正義の実現」という堅固な岩の上に立ってリーガルカウンセラーが職務を行っていることの証でもある。足元のしっかりした堅固な岩の上からでなければ、周りを見渡すことも、川で溺れているクライエントを見つけることもできないし、堅固な岩の上から手を差し伸べるのでなければ、急流で流されていくクライエントを救い出すこともできない。

（4）弁護士倫理７条

受任している医療過誤訴訟で敗訴判決が下された。

裁判所は、入院中の患者の食道に人工呼吸器のチューブが誤って挿管されており、そのため患者が医師の目前で窒息死していく状況にあったことは認めたものの、人工呼吸器のチューブの誤挿管に気がつかなかった医師には過失がないと判断した。

この裁判所の判断の当否については、意見の分かれるところだろう。ただ、裁判所は軽々にこのような判断を下したわけではない。悩んで悩んで悩みぬいて、この判断に至ったのだろう。

裁判所の職務執行の誠実性に対する信頼は、リーガルカウンセラーが職務を行ううえでは不可欠だと思う。訴訟当事者が真摯に攻撃防御を尽くし、最終的には裁判所の判断によって結論を決める。訴訟という紛争解決システムは人類の考案したシステムであり、もとより完全でも万能でもない。

そのような不完全な限界のあるシステムを何とかうまく機能させて、基本的人権の擁護と社会正義の実現を図らなければならない。そのような思いを、法曹は共有しなければならない。裁判所が出した判断も、不完全な限界のあるシステムを経たうえでの１つの見識である。

弁護士職務基本規程の前身の弁護士倫理は2005年４月１日に廃止されたが、その７条には次の規定が置かれていた。

（真実の発見）

第７条　弁護士は、勝敗にとらわれて真実の発見をゆるがせにしてはならない。

敗訴判決が下されたとき、まず弁護士としてなすべきは、自らの主張立証に不足はなかったかを謙虚に反省することである。「不当判決」との垂れ幕を持って裁判所の入口からテレビカメラに向かって駆け出して来ることではない。

「不当判決」との言葉は、裁判システム自体を自己否定する言葉であり、リーガルカウンセラーも裁判システムの一翼を担っていることを失念している。

つぶやき

ある刑事専門弁護士曰く「わかった？刑事弁護は大変でしょ？ぼくはね、数えきれないくらいこんな思いをしてきたんですよ。辛いでしょ？わかるわかる。でもね、日本の刑事弁護を支えてきたのは、どんなに辛い目に遭ってもへこたれなかった大先輩たちなんですよ」。

第３節　紛争の理解

1　事実の相対性（図と地）

事実は、客観的にただ１つ存在するものではなく、その事実を体験した人の数だけ複数存在する相対的なものである。

エドガー・ルビンは、人間の視覚情報の処理が相対的であることを「図」と「地」という概念を用いて解明したが、視覚情報に限らず、五感から得られるすべての情報は、個々人の人生において個々人が学習してきた情報の集積からなる評価・価値判断という過程を経て、最終的に「事実」として認識されるのである。

つまり、感覚情報の処理が相対的であるがために、事実も相対的に存在することになるのである。事実に対するこのような理解を認知することは、クライエントが紛争を自発的・主体的に解決するうえでの重要な指針を、クライエントに与えることになる。

クライエントは、これまで自己の体験した事実以外には事実は存在しないものと考えている。そのため、「相手は嘘つき」ということになる。クライエントはますます激高し、紛争は長期化の兆しをみせ始める。

ところが、クライエントが「事実の相対性」ということを認知したときには、クライエントは冷静さを取り戻し、和解の機運が生まれるのである。クライエントは次のように考えるようになる。

「私の認識している事実と相手の認識している事実は、違っている。でも人は神様ではないのだから結局のところ、本当のことはわからない。人の認識能力を前提とする限り、事実は相対的にしか存在し得ない、とするなら、どちらの事実が正しいかを議論しても、水掛け論であって、いつまでも平行線だろう。

そして、仮にある裁判官が私の認識している事実を事実と認定してくれたとしても、その事実が絶対的な事実へと変容するわけではない。だから、地方裁判所の裁判官の事実認定が高等裁判所に行けば覆ることもあり得るのだ。

そうだとすれば、いま、折り合えるところでお互いに折り合って、紛争を早期に解決することも、１つの賢明な判断である」。

●ルビンの壺という図形……………………………………諏訪裕子（臨床心理士）

「ルビンの壺」は、ゲシュタルト心理学で用いられる有名な図形である。壺がみえるときは、壺が「図」となり、周りは「地」となる。

向かい合う人がみえるときは、人が「図」となり、周りは「地」となる。人は、注意を向けて、認識できたものを「図」として受け入れることができる。

面談の中でカウンセラーにできることは、クライエントが注意を向けていない「地」の部分に気付いてもらうように介入することである。

2 苦しみ（命と死）

なぜ人は苦しむのか。それは「死」を怖れているからである。ここでいう「死」は、単に肉体の死のみを意味するのではなく、精神の死をも含む。「死」とは「命」を喪うことをいう。

「命」は愛されることによって与えられる。だから、愛されないとき、自分を愛してくれる対象を喪ったとき、人は「死」を味わう。

人からの尊敬を喪ったとき、人からの関心を喪ったとき、人は死を味わう。

自分の身体の一部を喪ったとき、家族や友を喪ったとき、人は死を味わう。

社会的地位を喪ったとき、財産を喪ったとき、人は死を味わう。

そして人は、喪った命を取り戻すために、リーガルカウンセリングルームの扉を叩くのである。

しかし、法律は命を取り戻すには、あまりに無力である。喪ったものが財産であれば何とかなるかもしれない。でも、子を喪った母親にお金が与えられても、何の慰めにもならない。

命を喪った魂が再び命を得るためには、愛を受けるしかない。受ける愛は、条件付きのものであってはならない。ロジャースのいう「無条件の肯定的配慮」でなければならない。愛を受けることにより、人は死から命に遷るのである。

喪った命の大きさ、重さ、深さだけの愛を受けなければ、喪ったときにできた傷は癒されない。しかも、喪った時期まで退行して愛を受けなければ、やり直すことはできない。

ヘブライ語では「子宮」は「憐れむ」という動詞でもあるそうだ。リーガルカウンセラーは、弁護士という肩書きで、法的権利の実現という衣装を身にまとってクライエントに近づく。だが、その目的は、「失った命を取り戻す」ことに置かれなければならないと思う。

つぶやき

クライエントの「先生、お忙しそうですね……」は、「もっと私の事件を一生懸命やって」というメッセージ。クライエントの「私、忙しくて……」は、「言いたいことが言えないので打ち合わせには行きたくない」というメッセージ。

●再養育療法という治療法 ……………………………… 山岡昌之（心療内科医）

「愛されることにより癒される」というのは、治療においてもまさに真理である。

私は摂食障害者の治療として「再養育療法」という治療法を提唱している。それは、再養育される、すなわち親からの愛を受け直すことで摂食障害が治っていくという私の治療的経験から生まれた治療法である。注意すべきは、治療されている本人自身が「愛されている」と感じることができるかどうかということである。与える側がどれほど「愛している」といってみても、受け取る側

> が愛情を感じなければ無意味であり、治療にはならない。
> 　親子であろうと、友達であろうと、夫婦であろうと、相手が愛されていると感じるかどうか、どれほど愛されていると感じとれるか、それが決め手となる。

> ●恨みの世界に行かせない……………………三好洋子（三宿憩いの家 職員）
> 　人は悲しみとともに生きることはできるけれども、苦しみとともに生きることはできないと思う。
> 　子どもたちは、苦しみを苦しみとして申告できないまま、しようとしないままやって来る。
> 　子どもが暴れているとき、その目は悲しみを湛えている。恨みの世界に行かないための必死の抵抗に思える。その悲しみを感じとった後「いい加減にしろ！」というと怒りの目に変わる。やり取りはそこから始まる。これだけ苦しんでいる子を恨みの世界に行かせてはいけないと思う。恨みの世界に行くと手が届かなくなると思うからである。

3 紛争のゲシュタルト的把握

「分ける」は「わかる」の始まりであるといわれる。わかるためには分けて考えればよいというわけである。物が分子や原子に細分化できるように、心も心的要素に細分化することができ、細分化してこそ心が理解できると考える者もいる。

しかし、このような「心的要素の集まりが心である」との仮説に異を唱えたゲシュタルト心理学は、心は心的要素の集まり以上のものであって、したがって心を全体として考察すべきと主張した。

そして、カントのように「世の中で実際に起こっている現実を人は直接認識することはできない」と考えれば、各人の感覚器官を通じて心が知覚した事実がゲシュタルト的に把握されてこそ、事実は忠実に把握されたことになる。つまり、紛争はまずもってゲシュタルト的に把握されなければならない。

とかく法律家は、わかるために分けたがる。「法的には意味がない」というお決まりの言葉で、クライエントからの情報提供をシャットし、要件事実的に意味ある事実のみを聞き出そうとするのである。類型別と要件事実論がもてはやされている。早期に紛争類型を想定し、要件事実に当てはめることが紛争の解決に役立つとのドグマに陥っているのである。

しかし、紛争にははじめから「離婚」とか「交通事故」とか「債務整理」とかの名前が付いているわけではない。名前を付けた瞬間に、人は個別の事実をみる力を失ってしまう。

事実を先入観なく、ありのままに観察することの、何と難しいことか！

だが、法律解釈を導き出す原動力となる価値判断は、事実を深く観察する作業によってしか得られないのである。メロディーや和音は、１つひとつの音の総和以上の意味を持つ。心の仮現運動がみえてこそ、価値判断は説得力を取得し、法律構成は正当性を取得するのである。

つぶやき

争点はあるものではなく、つくるもの。争点イコール結論だから、結論の連鎖すなわちストーリーをきちんと立てれば、どのような争点をどのような順番で設定すべきかが明らかになる。

訴訟で主導権を握るには、争点の設定を裁判所や相手方に委ねず、主体的積極的にその役割を買って出ること。

●言語化（ラベル付け）の効用 ……………………………… **諏訪裕子（臨床心理士）**

人は、思考が混乱し、不安感が高まると、「曖昧な状況」に身を置くことが不快になる。クライエントのために、「曖昧な状況」を整理し、言語化（ラベル付け）することは、クライエントの思考の混乱を落ち着かせ、不安感を和らげることができる。

しかし、そこで満足することなく、クライエントが自己決定できるように、サポートしていくことが必要であろう。

4 事実の聴き取り

事実は、具体的であればあるほど説得的である。クライエントの体験が、まるで映像でみているかの如くに再現されたとき、その事実は迫真性を帯びることになる。

映画の予告編のようなものでは、たとえ興味を引くことができても、ストーリー全体の流れをつかむことはできない。全編をみることではじめて、心に大きな余韻を残すことができるのである。

全編となると、聴き取りも膨大になる。優れた作品に仕上げるには膨大な取材が必要である。作家もしかり、弁護士もしかりである。そのため、聴き取りの時間は長時間にわたることも多いし、何日にもまたがることもある。

当番弁護士で接見に行った。被疑者は、仮出獄中にまた逮捕・勾留された前科12犯の58歳のスリだった。前刑は６年、前々刑は５年半、その前は５年という具合だったから、今回は６年半だと誰もが予測した。起訴までに13回、計18時間接見に行った。「何をそんなに話すことがあるのか」と同僚に笑われたが、彼が生まれてから今日までの事実を聴き取るには、18時間では少ないくらいだった。

彼とともに彼の人生を振り返った。失業、離婚、妻子との離別、孤独……。どこかで心の整理をつけたかったのだと思う。でも、そのためには、聴いてくれる人が必要なのは、彼も他の人と同じだった。

法廷には号泣した彼がいた。検察官の求刑は前刑と同じ６年だった。裁判官は、「前科があるから生きていくのが難しいと思いますが、負けないで頑張ってくださいね」と励まし、３年の刑を言い渡した。

弁護人の18時間が、刑を３年半短くすることもある。

つぶやき

勤勉な弁護士は、足を使って証拠を集める。才能ある弁護士は、乏しい証拠からでも説得的な書面を書き上げる。勤勉だけでは足りない。才能だけでも足りない。

●コメントを持たずに聴く ……………………… 三好洋子（三宿憩いの家 職員）

辛い思いを持っている人の話を聴くとき、聴く側の純度が問われる。コメントを持たずに聴いていたい。

苦しんでいる人が「想いの丈」を語れたとき、はじめて人の言葉を受け入れることができると思う。「心を傾けて聴く」ことは大切にしたいと思っている。「わかってほしい」と思うのは人の常、しかし「わかり得ない」のが事実。わかり得ないということを大切にすることが、相手を大切にすることだと思う。

答えはその人の中にしかない。語りながら解決の糸口を見つけてもらえる聴き手でありたい。

　原因は１つではないこと。必ず訳があること。どんなに理解し難い行為であったとしても人間に起きた出来事である以上、人間である自分自身にも起こり得ることと考えておいた方がいい。

5 現場主義

　窃盗の被疑者Ａが「私、ひどいアトピーなんです」と呟く。

　「ひどいアトピーだと窃盗を犯したくなったりすることもあるのだろうか」と考えてみる。突拍子もない考えだと切り捨ててしまわない。図書館で調べてみる。もちろん答えは出ない。

　皮膚科の主治医であるＢ医師に会いに行ってみる。

弁護人：「Ｂ先生、突拍子もないことをお尋ねしますが、ひどいアトピーだと、人によっては窃盗を犯したくなるというようなことはございませんか」

Ｂ医師：「（笑いながら）そんなことはありませんよ。ただ、この患者さんね、私が前にいたＣ病院からこちらの病院に移ってきたときに、私と一緒にここの病院に移ってこられたんだけど、確か、Ｃ病院では精神科にもかかってたんじゃないかしら。確か、主治医はＤ先生だったと思いますけど、Ｄ先生はもうすぐ別の病院に移られるようなことを仰られていたので、いまではもうＣ病院にはいらっしゃらないんじゃないかしら……」

弁護人：「とにかく、Ｃ病院に行ってみます」

　朝一番でＣ病院の精神科に行ってみる。

弁護人：「すみません、こちらにＤ先生はいらっしゃいますか」

看護師：「いらっしゃいますよ。昨夜は当直だったから、いま頃、当直室で朝ご飯を食べてらっしゃるんじゃないかしら」

　直ちに当直室に行ってみる。

弁護人：「お食事中失礼します。Ｄ先生ですか」
Ｄ医師：「そうですが、何か」
弁護人：「私はＡさんの刑事弁護人で、Ａさんに有利な情状を探しているのですが、Ａさんを覚えておられますか」
Ｄ医師：「ああ覚えてますよ。境界型人格障害の方でしょ」
弁護人：「Ａさんは今回窃盗を犯してしまったのですが、Ａさんが境界型人格障害に陥った理由と今回のＡさんの窃盗とは、何か関係があるのでしょうか」
Ｄ医師：「Ａさんの場合は、深い関係があると思います。実はＡさんのお父さんは家計を楽にするためにＡさんだけ里子に出したんです。Ａさんは寂しくて、居場所がなくて、大変辛い幼少期を過ごしたようです。Ａさんのお父さんは『お金がない』が口癖でした。いまになってＡさんは、盗んでまでしてお金を湯水のように使って、お父さんに対して復讐しているんです」
弁護人：「いまの先生のご意見を書面でいただきたいのですが、書いていただけますか」
Ｄ医師：「結構ですよ。お書きしましょう」

価値ある情報は無価値な情報に埋もれている。だから、足を使わなければ見つけられない。

つぶやき

ある弁護士曰く「行き詰まったら現場に行きなさい。やる気が失せたら現場に行きなさい。絶好調のときも現場に行きなさい。必ず何か得るものがあります」。

●摂食障害患者の窃盗 ……………………………………… 山岡昌之（心療内科医）

父から身体的虐待を受けていたような場合でもない限り、娘の父に対する復讐というのは医療の現場ではあまりない。

むしろ本件は、幼い頃に里子に出されたことによる愛情不足が原因で摂食障害となり、大量の過食・嘔吐で湯水のようにお金を使ってしまい窃盗を繰り返していている症例と推測される。過食・嘔吐を伴う摂食障害患者は、すぐ吐いてしまうものにお金を払うのは勿体ないという気持ちや、将来に対する経済的不安から、お金は使わず貯めることに執着する。

6 紛争関係者の本心

壁と喧嘩はできない。喧嘩には相手方が必要である。ただ、二当事者が喧嘩しているようにみえても、実は、相手も味方も複数であることが多い。

少年が非行に走ったときに、従来は、その少年の問題性に焦点を当てて原因を究明する手法が主流であった。しかし、最近は、少年の非行を家族システムの問題性という視点からとらえるのが一般となりつつある。家族システムが危険にさらされているときに、少年がそのシグナルとして非行に走るというのである。

紛争をゲシュタルト的に把握しなければならないのと同様に、紛争をとりまく人間関係もゲシュタルト的にとらえられなければならない。少年非行を家族システムから分析するとの発想は、その一例である。

人間関係は、ベクトル運動的に、力学的に把握しなければならない。紛争当事者だけではなく、紛争関係者の利害も判断材料に加えなければ、紛争の解決の指針を適切に導き出すことは困難である。

紛争と紛争関係者との距離の遠近は、紛争への紛争関係者の関与の度合いの深浅と相関関係に立つことが通常である。紛争に近ければ関与の度合いは深く、紛争から遠ければ関与の度合いは浅いというわけである。

ところが、往々にして、紛争から遠いはずの者が、紛争に深く関わり、あるいは関わろうとしていることがある。そのような場合には、注意深くその関与者の本心を見極めなければならない。羊の皮をかぶったオオカミであることも多いし、リビドーが無意識下に抑圧されてしまっており、当の本人は自分がオオカミであることに全く気が付いていないことも多い。羊だと思って手を借りると、クライエントが食べられてしまう危険がある。クライエントの自主性を尊重するためには、リーガルカウンセラーとしては、関係者に対し、距離の遠近に応じた関与のみを許容する、毅然とした態度が求められる。

●心の距離を一定に保つ……………………………………山岡昌之（心療内科医）

心の距離のとり方は、心の問題を扱う治療の場面においても非常に重要な課題である。一般的に心の病気の患者は人との心理的な関係性に問題を抱えており、心の距離をうまくとることができない。

治療に関して、初心者は往々にして心の距離が「近い方がよい」と考えがちだが、距離が近すぎると相手方は混乱し、それに巻き込まれてしまう。かといって、遠すぎると治療効果が上がらない。

近すぎず、遠すぎず、心の距離を一定に保つこと。これが大変重要かつ本質的な要諦である。

7 修復的司法

「修復的司法」という考え方がある。Restoractive Justiceの訳である。「回復的正義」と直訳した方が、意味が通じやすいかもしれない。

広義では「被害者の被害回復の過程を通じて正義が実現される」との理念に基づく司法手続を指す。

この対立概念は「応報的司法」である。「被害者が負った損害と同等の害悪を加害者に与えることによって正義が実現される」との理念に基づく司法手続を指す。

思うに、被害者が負った傷は、加害者との和解がなければ癒されない。事件によって受けた傷について、誰かに聴いてもらう機会が被害者に与えられること。自らの被害の回復の手段・方法や事件の背景事実や加害者などについての情報が被害者に与えられること。加害者と話し合う機会が与えられること。その話し合いがコミュニティの中で公に行われること。

被害者がこれらの過程を通じて、正義が実現されていると実感することで、はじめて被害者は再度社会に対する信頼を取り戻し、コミュニティに帰って来るのである。

このような過程を被害者が歩むうえで、弁護士の果たすべき役割は想像を絶するほど大きく、重い。被害者が回復できるかどうかは、弁護士がこのような正義の実現という使命を自覚して被害者と関わっているか否かにかかっている。

リーガルカウンセラーが被害者に関わることのできる期間は、被害者が今後歩んでいかなければならない長い人生に比べれば、ほんの短い期間にすぎない。しかし、この短い期間は、被害者がその後の長い人生をスタートさせるエネルギーの充電期間であり、この期間に被害者がどのような待遇を受けたかによって、その後の被害者の人生に対するスタンスは大きく変わってくる。

被害者が元気にその後の人生のスタートを切ることができる。もはやリーガルカウンセラーの援助がなくとも自律してその後の人生を歩んでいけるようになる。その鍵は、リーガルカウンセラーに預けられているのである。

●マインドを育てる……………………………………**山岡昌之（心療内科医）**

リーガルカウンセラーに優れた治療的自己が備わっていると、そのリーガルカウンセラーと被害者との間に容易に信頼関係が構築される。そして、そのリーガルカウンセラーが被害者の心を癒し、被害者の中にある種が育つのを見守り続けることによって、被害者の中にある種から芽が出て花が咲く。被害者は元気になり、人生の再スタートが切れるようになる。

そのようなリーガルカウンセリングマインドを育ててほしいと思う。

第２章 リーガルカウンセリングの基礎

1 リーガルカウンセリングにおけるインテーク面接

インテーク面接の最大の目的は、クライエントとの間にラポールを形成することにある。インテーク面接の心構えを一言で述べるなら、「聴く」ということに尽きる。

弁護士は、概してせっかちである。「聴く」のではなく、「訊」いてしまう。「観る」のではなく、「診」てしまう。

クライエントにしてみれば、まだ紛争のほんの一端を語ったにすぎない。それなのに、もう弁護士からのアドバイスが始まっているのである。クライエントは自分自身の中に、自己を理解し、自己概念や態度を変え、自主的な行動を起こすための果てしない資源を持っている。いわばクライエントは、美しい花を咲かせる種のような存在である。

種が豊かな土と水と光に包まれれば、おのずと芽を出すように、もし、ある促進的な心理態度を持つ風土が提供されさえすれば、クライエントの内的資源は、おのずと働き始める。クライエントが自己防衛の種皮を破ってみようと考えるかどうかは、安全欲求が充足されたとクライエントが感じたかどうかにかかっているのである。

つまり、インテーク面接の最大の目的は、リーガルカウンセラーが「ある促進的な心理態度を持つ風土」であるということを、クライエントに感じてもらうことにある。

土も、水も、光も、「種に対して何かしてあげよう」と考えてそこに「ある」わけではない。ただ、「ある」こと自体に意味があるのである。

あるカウンセラーは、セラピストが持つべき心理態度を「doingよりbeing」という標語で簡潔に表現しているが、まさにそのとおりであると思う。

つぶやき

良い法律相談とは、まずクライエントに「希望は何か」と端的に尋ねて希望を言語化させることでその思考を整理させ、次にその希望が実現される見通しを端的に述べ、最後に今後の動き方をクライエントに具体的に教示する法律相談である。

●願いを持って接する ……………………………… **山岡昌之（心療内科医）**

「インテーク面接」は医療現場では「初診」である。初診の際、私は、クライエントの傷ついている心だけを診るのではなく、クライエントの心の中にある種が綺麗に咲いてほしいという願いを持って、クライエントに接することにしている。

私のこの思いがクライエントに伝わることで、信頼関係が構築され、クライエントは心を開き、クライエントと私との間に、クライエントの心の中にある種が育つ発達促進的な心理的風土が形成される。このような風土が形成されると、クライエントの心の中の種が芽を出すだけではなく、予想もしなかったよい出来事が引き寄せられるように次々と起こってくる。

初診の際、客観的なデータを観察することはもちろん大切であるが、心を診るときは、客観性にこだわりすぎると冷たい対応になる。

「doingよりbeing」は、治療者の日常的な生き方、価値観、態度を表現する標語であり、治療においてはそれがとても大切である。

●ラポールを形成する ……………………………… **諏訪裕子（臨床心理士）**

クライエントとの間に形成される信頼関係のことを「ラポール」といい、ラポールとはすなわち、安心感と信頼感の中で、自由に考えや気持ちが表現され、互いが理解し合えるような関係性である。

信頼関係は徐々につくられていくものであるが、自発的に訪れたクライエントは、積極的に信頼感を持とうとする姿勢がある。

クライエントの期待に応えようとすることによって、お互いの期待がかみ合い、ラポールが形成されていく。

カウンセラー自身が、安心感と信頼感を持てるかどうかということも、ラポール形成の鍵となる。

2 リーガルカウンセリングと「喪の仕事」

初めてクライエントに接するとき「クライエントが喪った対象は何か」に思いを馳せることは、とても重要である。対象は、目にみえているようでいて、実は隠れていることもある。クライエントの対象喪失に心を寄り添わせる。これがリーガルカウンセラーのなすべき最初の仕事である。

わざわざリーガルカウンセラーを訪ねて来たのだから、もはや喪失を否認する段階ではない。

クライエントは、悲しみと憎しみに駆られ、責任者に責任をとらせる意気込みに満ちてやってきたのだ。もはや、たたかうしかない。ただ、怒りに駆られたクライエントの弱さにこうして共感を示ししつつも、クライエントが自発的に「喪の仕事」を始めることができるように、クライエントが心の問題を乗り越えるうえでのよい心理的風土となれるよう、細心の注意を払い続けることが大切である。

悲しみ、怒り、無力感から絶望へと、クライエントの心はうつろう。そのいずれの段階も、クライエントが喪失を受容し、魂が命を取り戻すうえで、必要不可欠な過程である。

リーガルカウンセラーはそれぞれの過程でクライエントを支える。ともに悲しみ、ともに怒り、ともに絶望する。支え方は段階に応じて異なる。大切なことは、後戻りさせてもいけないし、急がせてもいけない、ということである。無力感・絶望を感じている心を、悲しみ・怒りの段階に押し戻してはいけない。また逆に、悲しみ・怒りの段階にある心に、無理に受容を背負わせてはいけない。クライエントの「喪の仕事」が失敗してしまい、病的な喪失に発展してしまう危険があるからである。

瘡蓋は剥がすのではなく、自然と剥がれるのを待つ。無理に剥がすと傷口からまた鮮血が滲み出てくる。

つぶやき

ある弁護士曰く「クライエントが『相手に仕返しをしたい、困らせたい、できる限りのダメージを与えたい』などの負の感情を露わにしたとき、嫌悪せず、喜びなさい。それは、あなたを信頼している証だから。そして、負の感情には触れず、心の傷にフォーカスしなさい、それは、負の感情の源だから」。

●見守りは治療の基本 ……………………………… 山岡昌之（心療内科医）

「喪の仕事」は、時間がかかる。決して無理に急がせず、1つひとつのステップをクライエントが踏んでいくことを見守ることが何よりも大切である。心の治療の基本は、この「見守り」にある。

以前から境界性人格障害は治るのか、治らないのか、治療には一体何が有効なのかということが議論されていたが、結局、一番大切なのは「見守り」だという結論になっている。

クライエントにとって大切な人、それが親であれば、その親がそのクライエントをどれだけ見守ることができたかが重要であり、見守りがきちんとできたケースでは予後がよかった。心の治療的変化においては、○○療法などの難しいことではなく、信頼している人に見守られることが一番よい結果を生むのである。

●喪のプロセスの4段階 ……………………………… 諏訪裕子（臨床心理士）

人は、自分が大切にしている対象（人物だけでなく、物や権利などの場合もある）を失った際に、たどる心理的プロセスがある。

精神分析学者ジョン・ボウルビィは、喪のプロセスとして4段階にまとめている。

①　無感覚・情緒危機の段階

②　否認・抗議の段階

③　断念・絶望の段階

④　離脱・再建の段階

このプロセスをクライエント自ら行きつ戻りつし、心が揺さぶられながら、徐々に気持ちを落ち着かせていくのである。

3 アートセラピー（絵画療法）とリーガルカウンセリング

アートセラピーでは、クライエントが言葉にできないメッセージを絵によって語り、そのクライエントが描いた絵にセラピストが共感し、時にはセラピスト自身がクライエントとの協働作業によって絵を描き上げる（例えば色彩分割法など）。

アートセラピーは、このような非言語的交流を通じてクライエントにカタルシスを得させ、クライエントの心的状態を健全な方向へと向かわせる療法である。

他方、リーガルカウンセリングは、絵画ではなく言語を用いる。この点において両者は根本的に異なる。とすれば、アートセラピーとリーガルカウンセリングの間には共通点など全くみられないのではないか、とも考えられる。

しかし、実は、両者は大変似通っているのである。リーガルカウンセラーは、クライエントが言葉にできないメッセージをクライエントの仕草（ボディランゲージ）、存在そのもの、あるいは苦しみの中で語られる途切れ途切れの言葉から読みとる。これは、あたかもアートセラピストが絵画に投影されたメッセージを絵画から読みとる作業に類似する。

リーガルカウンセラーは、クライエントからのメッセージに共感し、さらには協働作業によって言葉にならないメッセージの言語化を試みるべく各種法律文書（とりわけ陳述書）を書き上げるのである。

言葉にならないメッセージが適切に言語化されたときには、クライエントはリーガルカウンセラーに心からの笑顔をみせる。この笑顔こそまさに、クライエントがカタルシスを得たことの現れである。

各種法律文書がクライエントに対面した状況下でクライエントの心の動きに十分に配慮しながら作成されなければならないのは、メッセージの言語化という作業により、クライエントにカタルシス効果を得させるためである。クライエントがカタルシス効果を得た結果、リーガルカウンセラーとの間にラポールが形成され、クライエントはリーガルカウンセラーの法的アドバイスを容易に受容する基盤が形成される。このことが将来的な和解による紛争の早期解決の可能性を一気に高めることになるのである。

つぶやき

クライエントが混乱のうちに事実を脈絡なく語るとき、その語られた事実を取りこぼさず拾い上げ、よく観察し、ジグソーパズルを完成させるときのように１つずつつなぎ合わせて一枚の絵に仕上げると、クライエントは混乱から抜け出し、自分の置かれている状況を正確に理解するようになる。

●扱っている対象は心である……………………………山岡昌之（心療内科医）

リーガルカウンセリングとは、基本的人権の擁護、社会正義の実現を目指して、クライエントの心の傷を癒し、クライエントの成長を促すものである。法的な手続は大切だが、扱っている対象はクライエントの心である。本質を見失わないことが重要である。

●心の中にある問題の外在化……………………………**諏訪裕子（臨床心理士）**

アートセラピーとは、広義には芸術療法を指し、絵画療法、箱庭療法、音楽療法など、非言語的コミュニケーションを通した心理療法である。

また、狭義には絵画療法を指し、クライエントに絵を描いてもらうことによって、心の状態を図ったり、セラピーとして用いたりする技法である。言語や非言語を通して、心や頭の中にある問題が外在化されることにより、クライエントとともに悩み考えながら、解決に向かっていくのである。

4 リーガルカウンセリングにおける自己開示・経験開示

リーガルカウンセリングにおいては、「クライエントが語り、カウンセラーが聴く」というスタイルを基本的に崩してはならない。とりわけラポールが形成されるまでは、聴くことに徹する姿勢が望ましい。

ただ、クライエントがより深く語るうえで、より深いラポールの形成が必要だと感じるときがあり、そのような場合にリーガルカウンセラーの自己開示が役立つことがある。自己開示には互報酬性があるからである。

ここで注意すべきは、自己開示はクライエントがより深く語るための潤滑剤にとどまるということである。ワインがあれば食事も進む。しかしワインを飲み過ぎて料理の味もわからなくなってしまっては、せっかくの食事は台無しになる。

自己開示と同じく、リーガルカウンセラーが他の事件での経験を開示することも、場合によっては効果的である。今後の進行についてクライエントが不安を抱いているような場合には、経験開示によりクライエントに具体的なイメージを与えられ、クライエントが安心感を得ることも多い。

ここで注意すべきは、経験開示は守秘義務について細心の注意を払ってなされなければならないということである。

経験開示がいきすぎると、クライエントは「この先生は、私の事件についても他の人にこのように軽々しく話しているのではないか」と感じ、安心どころか、かえって不安になり、堅く口を閉ざしてしまいかねない。

「弁護士の経験談は結局のところ自慢話」といわれていることの意味を、肝に銘じておくことが必要である。

●自己開示には副作用がある……………………………… 諏訪裕子（臨床心理士）

「カウンセラーの自己開示」には、クライエントとの心理的距離が近づき過ぎ、主役（決定の主体）がクライエントでなくなるという副作用（依存関係に陥る可能性）があることを忘れてはならない。

自己開示のさじ加減は、非常に難しいため、クライエントとの信頼関係が十分に築かれていると感じてから用いるのがよい。

5 学習心理学とリーガルカウンセリング

交際していた男性と別れた女性が、その後、その男性にストーカー行為を繰り返されている。３日後にもう一度だけ会ってくれと言われている。もし会ってくれればこれ以上ストーカー行為を繰り返さないが、もし会ってくれなければ何をするかわからないと言っている。最後の１回ということで会った方がいいか、それとももう会わない方がいいか。

ボタンを押すと餌が出る仕組みの装置が備え付けられている檻に、猿を入れる。猿がふとボタンに触れると、餌が出てくる。猿がまたふとボタンに触れると、餌が出てくる。これを何度か繰り返した猿は、ボタンを押せば餌が得られることを「学習」する。学習させることを「強化」という。「強化」には、ボタンを押せば必ず餌が得られるようにする「連続強化」と、ボタンを押してもときどき得られないようにする「部分強化」の２つがある。

ボタンを押しても餌が出ないようにすると、学習させた行動は、今後は徐々に「消去」される。ただ、「部分強化」の結果を「消去」することは、「連続強化」の結果を「消去」することよりもはるかに難しい。猿は餌が出なくなっても、また出てくると思い、なかなか諦めないでボタンを叩き続ける。

これ以上さらに会えば、それがさらなる「強化」となる。会ってみたところで、その甘い時間は終了時刻を迎える。会えない切なさは、会う前よりも一層増大する。会ってあげるという愛情のメッセージと、会って別れの話をするという拒絶のメッセージは、相矛盾するメッセージである。矛盾するメッセージを同時に受け取ると、人は精神に異常を来す（二重拘束理論）。

気が狂った猿は、ボタンをますます激しく叩き続けることになる。

その女性クライエントは男性の心について理解し、自己の行為の意味についても理解して、その後数か月、身をくらますことにした。

そして、男性は普通の若者に戻ることができたのだった。

●ストーカーとオキシトシン……………………………山岡昌之（心療内科医）

私は、幸せホルモンであるオキシトシンについて研究している。

通常、ホルモンは、分泌回数が増えればフィードバック機構が働き身体は分泌を抑えようと働く。しかしオキシトシンはその逆で、分泌回数が増えれば増えるほど、なおさら分泌されやすくなる。

好きな人と会えば誰でも幸せを感じてオキシトシンが分泌される。好きな人と会う回数が増えれば増えるほど、それだけオキシトシンも分泌されやすくなるというわけである。

オキシトシンの分泌には個体差があり、出やすい遺伝子を持つ人もいる。その人が好きな人に会えば過剰にオキシトシンが分泌され、会う回数が増えれば増えるほどオキシトシンの過剰分泌が促進され、一種、薬物依存症類似の依存が形成される。

以上は、ストーカー行為に関する私の立てた仮設である。いまだ仮説段階ではあるが､大変興味深い研究テーマである。オキシトシンの分泌を抑えるには、物理的・心理的に距離をとらせることが必要である。

●学習性無力感から自己決定へ …………………………諏訪裕子（臨床心理士）

心理学者のマーティン・セリグマンは、「パブロフの犬」などの条件付けの実験により、学習性無力感を提唱した。

動物であっても、自分でコントロールできない避けがたい出来事を多く体験すると、無力感を学習し、無抵抗なうつ状態となる。

　ストーカー被害者は、繰り返されるストーカー行為によって、学習性無力感に陥っていることがしばしばある。
　安心できる環境で、クライエントが自己決定できるようになることで、問題は解決に向かうのである。

6 リーガルカウンセリングと「メモ」

　リーガルカウンセリングの際に、メモをとるべきか、とらざるべきか。
　私は、クライエントからの質問と、その質問に対する私の回答を、できるだけ詳細にメモしながらリーガルカウンセリングを進める。
　メモをとることを嫌がるクライエントは、弁護士を不正な利益の実現のために利用しようとしている可能性があるので受任しない方がよい。
　メモをとることは、それ自体、「一言も漏らさず一生懸命に聴いている」というメッセージをクライエントに伝えることになる。
　私自身、和解の席で裁判官を説得しているのに、裁判官がメモをとらないような場合には、「私のいっていることには興味がないのだろうか」とか、「果たして相手方に当方の考えを正確に伝えてもらえているのだろうか」とか、何かと心配になる。
　メモをとることは、クライエントの紛争を明確化することに役立つ。事実経過とそれに伴う感情の起伏は、メモをとることで整理され明確になる。メモをとる際には、その都度クライエントにメモの内容をフィードバックする。クライエントは、整理され明確化された情報を受け取ると、心の整理をしやすくなる。メモをとることは、クライエントとの間のラポールを維持する役目も果たす。
　私は、カウンセリング終了時に、そのメモをコピーしてクライエントに渡し、その内容をお互いに確認することにしている。どのような相談だったのか、どのような回答をしたのか、共有したこの時間に行われた内容をお互いに確認し合うのである。
　クライエントは、この作業により、自分のいいたかったことが正確に伝わったということの保証を得る。同時に弁護士は、「言った言わない」の紛争がクライエントから提起される危険から逃れることができる。

●態度は非言語的メッセージ……………………………諏訪裕子（臨床心理士）

カウンセラーが面談中に「メモをとること」については、賛否ある。

面談の目的、メモとして残す個人記録の意味、クライエントに与える影響などによって判断は異なる。

カウンセラーの非言語的メッセージの重要性を踏まえると、「メモをとること」によって、クライエントが抱える不安感や不信感に、想像力をめぐらすことが大切であろう。

あらかじめ、ネガティブなメッセージを与えないようにするのか（メモをとらない)、ポジティブなメッセージに変換するようにするのか（メモをとることの了解を得る、クライエントにも内容がみえるようにメモをとるなど）という違いがあると思われる。

7 リーガルカウンセリングにおけるピグマリオン効果

ピグマリオン王が女性の像を愛し、その愛が実るように祈ったところ、像に命が吹き込まれたとのギリシャ神話のように、クライエントに対する期待や勇気付けにはクライエントを変容させる効果がある。

●警察署の留置場にいる少年と、その弁護人の会話

少　年：「早くここ出たいんっすけど、出れませんか？」

弁護人：「出てどうするの？何かしたいことでもあるの？」

少　年：「別にないっすけど……」

弁護人：「君には将来の夢はないの？」

少　年：「夢っすか？はぁ……別に……ないっすけど……」

弁護人：「ここから慌てて出ても、何も考えてないなら、また入ることになるだけでしょ。僕はね、この世はテーマパークみたいなところだと思ってるんだよ。楽しいことはいっぱい。行きたい所も、みたいものもいっぱい……。

ところが、君がいまいる所は狭くて窮屈、自由がないし楽しくないでしょ……でも、やたらと人に吠えたり噛みついたりする犬は、檻に入

れられてしまうでしょ。人も同じ……。要するに、人に迷惑さえかけなければ、君は何をしてもいいんだよ。君はいま17歳でしょ。僕は47歳だから、僕の歳になるまであと30年もあるじゃないのさ。これからの30年間、刑務所に出たり入ったりして過ごすつもり？それよりも……例えば最初の10年間は日本中で仕事しながら旅をして美味しいラーメンを食べ歩く、その次の10年間で君なりのスープと麺をつくり出す。そして残りの10年間で、そのラーメンを日本一の味のラーメンにする。こんな夢も面白いんじゃないかなぁ……」

少　年：「いいかもそれ！僕ラーメン好きなんすよ」

弁護人：「君は素直だから、きっとやれるよ。夢を叶えるエネルギーもある。運にも恵まれていると思うんだよ。楽しみだよね……そうだ！日本一のラーメン店になったあかつきには、僕を店に招待してくれないかなぁ」

少　年：「しますよします！当然でしょ。あぁ、でも僕なんかにその仕事できるのかなぁ？」

弁護人：「できるさ。思い切ってぶつかるんさ。死ぬ気でやんなきゃだめだよ。でも、君なら絶対できる。いいもの持ってるから」

●行動療法的なアプローチ　…………………………………　山岡昌之（心療内科医）

ピグマリオン効果は主に教育現場で用いられている。教師の期待によって学習者の成績が向上することである。治療的には、行動療法的アプローチがそれに当たる。クライエントの潜在能力を引き出す一方法として、このピグマリオン効果を応用することは重要である。

クライエントの傷ついた心の中に、種を蒔き育てていく心療法律相談の大きな力を持つ１つのテクニックとして、ピグマリオン効果は有効利用されるべきであろう。

●勇気付けという考え方…………………………………　諏訪裕子（臨床心理士）

アドラー心理学に「勇気付け」という考え方がある。

人は、よりよくなりたいという思いから、他人と比べ、自分が劣っているという劣等感を抱くことがある。

自分に価値があるように思えない状態が、「勇気」をくじかれている状態である。自分の行動で誰かが喜んでくれたり、誰かに必要とされていると感じたりするときに、人は、自分に価値があると思えるようになる。

優劣や上下の関係ではなく、人間同士の関係性の中で、クライエントを勇気付けられるようになりたい。

8 リーガルカウンセリングの獲得目標

リーガルカウンセリングの獲得目標は何か。

それは、「クライエントにとっての」紛争を発見することである。「クライエントにとっての」という修辞部分がミソである。「弁護士にとっての」でも「裁判所にとっての」でもない。

裁判は法の解釈適用作業である。したがって、要件事実が重要であることはいうまでもない。

しかし、価値判断は常に、法の解釈適用作業に先行する。権利の定義は「社会生活における利益を享受する法律的力」である。権利が認められるためには、当該権利が社会的に承認されることが大前提である。

クライエントの利益が社会的に承認されるかどうかを知るには、クライエントの体験をクライエント自身から聴取するしかない。

事実はただ１つしかないと考えてしまうと、判断を誤る。私は、事実はクライエントの数だけ相対的に複数存在すると考えている。

だとすれば、説得的に「事実である」と主張・立証し得れば、それが「事実である」と認定されることになる。説得的に「事実である」と主張・立証するためには、「クライエントにとっての」紛争を発見するしかない。クライエント自身の評価を加えたうえで紛争をとらえなければ、クライエントの体験した「事実」を追体験することも、クライエントの感情に共感することもできない。結局、事実の主張・立証に失敗することになるのである。

情報はすべてクライエントが持っている。そのため、リーガルカウンセリングは「クライエントが語りリーガルカウンセラーが聴く」というスタイルから始まるのである。

9 リーガルカウンセリングと倫理

リーガルカウンセリングのスキルがアップするとともに、リーガルカウンセリングが持つ危険性も増大する。それに伴い、「クライエントの自主性を損なっていないか」との問いを、不断に自分自身に投げかける必要性は、同じ速度で増大する。

心がピュアであればよいのだろうか。問題はそれほど単純ではない。心は既にピュアではないからだ。誤解を怖れずにいえば、ピュアであるならカウンセラーにはなれない。あるがままの自分を理解し、受容し、自分自身を欺かず、常に警戒しているのがよかろう。

誘惑は常に存在する。カウンセラーとて生身の人間である。世俗を越えているなら、世俗を理解することもできない。世俗に在って、自ら誘惑にさらされつつ、そうでありながらも世俗の欲望の衝突についての解決を期待されているのである。

クライエントと同様に、カウンセラー自身も弱い存在であることに思いをめぐらす。クライエントを導くことはできないし、導いてもいけない。心理的風土はあくまでも外的条件としての役目を果たすだけである。脇役は主役ではないから、主役の座を奪ってはならない。

青い実を採ってはならない。青い実は、堅くて酸っぱい。実は、赤く熟すまで待ってから、収穫するのである。

だから、押し黙るしかない。沈黙の時間を大切にする。沈黙は無ではない。意味のある時間である。必要不可欠な時間である。１分……５分……10分……沈黙が続くことを怖れてはならない。

●スーパービジョンという手法 ……………………………… **諏訪裕子（臨床心理士）**

カウンセラーの訓練の１つに「スーパービジョン」という手法がある。

具体的な進め方や頻度に定型はないが、スーパーバイザー（指導者）に、自分が担当するクライエントの状況を報告し、面接プロセスや課題を振り返り、今後のよりよいカウンセリングのあり方を考える場となる。

文献による学習、研修会への参加など、自己研鑽の機会は多々あるが、スーパービジョンは自己分析の最も適した機会であり、カウンセリングの疑似体験になるものと考える。スーパービジョン内で体得した「決定の主体となる感覚」が、クライエントへの介入にも活かされていくであろう。

10 リーガルカウンセリングの限界

リーガルカウンセリングは、紛争の解決を目指すものである。したがって紛争としての法的成熟性を欠くケースについては、リーガルカウンセリングは行うべきではない。

クライエントには、紛争が法的成熟性を取得した際にまた、来談していただくことをお願いして、お引き取りいただく。それでも継続してカウンセリングを受けたいとのクライエントの希望に対しては、心理カウンセラーのカウンセリングをお勧めする。これがリーガルカウンセリングの第１の限界である。

第２の限界は、クライエントが重度の精神的疾患を有するにもかかわらず援助者のいないケースである。

健全な精神状態にあるクライエントでさえ、紛争は精神に相当のストレスを与える。もし訴訟にでもなったら、その精神的な負担はさらに増大する。精神的疾患を持つクライエントが援助者なしに訴訟からくるストレスに耐えることは不可能である。

第３の限界は、クライエントに紛争解決のモチベーションがなく、主体性が欠けているケースである。

リーガルカウンセラーは心理的風土にはなり得ても、種にはなり得ない。紛争関係者に連れられ嫌々来談したクライエントに対しては、リーガルカウンセラーは、「クライエント自身の紛争であること、リーガルカウンセラーは紛争解決の手助けをしたいと考えているが、それはクライエント自身の紛争解決を援助するにとどまるものであること」を説明する。

それでもモチベーションに変化がみられなければ、自分で解決する気持ちになったらまた来談していただくことをお願いして、お引き取りいただく。

●早期に医療と連携・協働する …………………………… 山岡昌之（心療内科医）

クライエントについて何らかの精神的な疾患・異常を感じる場合には、リーガルカウンセリングが限界に達してからではなく、早期からリーガルカウンセリングと医療との連携・協働を検討すべきである。

COLUMN　アパリの司法サポートとダルク――志立玲子

（ＮＰＯ法人アパリ　リーガルソーシャルワーカー）

私が薬物事犯で逮捕された人を支援するきっかけとなったのは、ある弁護士との出会いとその死からである。

私はその弁護士の秘書をしていた。その弁護士はダルクの近藤恒夫氏と親交があり、情状証人として出廷を依頼する仲で、ダルク協力弁護団の事務局長もしていた。ダルクは近藤氏が1985年に設立した民間の薬物依存症リハビリ施設で全国に約80か所ある。スタッフは基本的には薬物依存からの回復者で構成されている。

ある日、東京地裁で開かれるその弁護士の薬物裁判を傍聴する機会があった。被告人の母親が証人として立っていたのだが、被告人である息子は何度も覚せい剤で逮捕され、刑務所にも何度も行っていたので、母親は法廷で混乱状態だった。情状証人であるにもかかわらず「この子を一生刑務所に入れてください」と裁判官に半狂乱になりながらお願いしていた。「こんな子は自分の子ではない、もう無理です」と。長い間家族も苦しんでいたのだろうと容易に想像できた。

検事は、「お母さん、あなたが息子さんのことを諦めてしまったら息子さんはどうなるんですか？お母さん、そんなこといわないでください」と優しく涙目で諭した。そんなやりとりがしばらく続いた。初めての傍聴でありながら涙が溢れて止まらなかったのを覚えている。

その弁護士の裁判を傍聴するのは後にも先にもその１度だけだった。数か月後の1998年４月、その弁護士は自殺した。きっかけとなる出来事はあったにせよ、後からアルコール依存症で鬱っぽかったのだと聞いた。

あれから22年が経過し、当時その弁護士の元で働いていた同僚と私が、今はＮＰＯ法人アパリで薬物事犯の被疑者・被告人の支援をしている。アパリはダルクを支援するため2000年に設立された研究所であり、主に薬物事犯で逮捕された被疑者・被告人に薬物依存からの回復の道筋を提供する司法サポートという業務を行っている。約20年間で500人ほどを支援してきた。保釈の段階からダルクに入寮してもらったり、保釈はとらなくても出所後にダルクに入寮できるよう身元引受人の設定をし、仮釈放時には出迎えに行ってダルクにスムースにつなげるということをやってきた。近藤氏はアパリの理事長でもある。

また、家族のためのプログラムとして家族教室を月に２回開催している。薬物事犯で逮捕された本人を回復へ導くよう手伝いをしているとともに、家族には本人の回復の邪魔にならない関わり、距離のとり方などを教えている。何より家族は子どもが逮捕に至るまでにはかなりの時間を要し、疲弊してきている。まずは自分を取り戻してもらい、最終的には自分の人生を楽しんでもらうこと目指している。

薬物依存症者の支援というのは本当に大変で一筋縄ではいかない。「あなたは病気だから、治療が必要だから、ダルクに行きましょう！依存症専門病院に行きましょう！」と言ったところで「はい。わかりました」などという人はいない。もしいたら別の病気を疑った方がいいかもしれない。とても病識を持ちづらいのが特徴だ。世間でも病気というよりは犯罪といった側面が多く報道されているので、本人も病気とは思っていない。

それではどういった病気かというと、癌や心臓疾患のようにはっきりと検査や数値でみえるものではなく、近藤氏の言葉を借りれば「生き方の病」、「孤立の病」などといわれている。依存症の専門家によっても原因はこうだ、治療はこうだといろいろな意見があり、戸惑うことも多い。アパリの司法サポートでつながった人に対しては、基本的にはダルクに入寮することを勧めている。精神疾患の治療が必要な人、欲求・渇望が強い人には、まず先に依存症専門病院への入院を勧めている。

ダルクの活動を近くでみていると、スタッフは皆パワフルで、普通ではできないことを平気でやってのけていると思う。その行動力には敬意を表したい。ダルクは入寮者とともにスタッフも寝泊りしている。自らが同じ道をたどってきた人たちだからこそ、ここまで寄り添えるのだと強く感じる。私もできるだけ本人の気持ちに寄り添いたいと思い活動しているが、それでも限界がある。そういうときには仕事のパートナーであるダルクのスタッフに頼ってお任せすることになる。

神戸刑務所から満期出所する人を三重ダルクのスタッフとともに迎えに行ったときのこと。朝８時半頃、私たちが門の前で待っていると、もう１人知らない男も車に乗って待っていたので、別の人の出迎えなのかと思っていた。

出所してきた彼の荷物を車に運んでいると、その知らない男が詰め寄り、「知り合いに頼まれてお前を連れて来るように言われている」とのこと。私が「彼はこれからダルクに行くんです」とキッパリ言うと、「うるせえなぁ～黙ってろ！」と。そんなこんなで凄まじいやりとりが続いていたら、三重ダルクの施設長が出所者に「お前、売人なんか呼んでんじゃねえぞ！」と近くに立っていた刑務官２人にも聞こえるような大声で叫んだ。それを聞いて自分の身が危ないと察したのか、その男は車に乗り込み退散していった。

ここで私たちが迎えに行ってなかったら、彼の人生は大きく別の方向に向かっていたのではと想像がつく。彼は刑務所の中で知り合った男に自分の満期日を知られてしまい、ダルクに行くことはいっておらず、きっとその男は彼に薬物でも売ろうと企んでいたのではと考えてしまう。出所出迎えの時にダルクのスタッフ２名がいてくれたおかげでなんとか彼は三重ダルクに無事入寮することができた。

彼はダルクに入寮するのは５か所目だ。この三重ダルクが素晴らしくて前の４か所のダルクがよくなかったということではない。その人ごとに回復のタイミングやスタッフや仲間との相性というものがあり、彼にとっては今回の満期出所が最大のチャンスであり、絶好のタイミングだったのだと思う。彼は発達障害の特性があり、入寮中スタッフはとても苦労していたようだが、今は社会復帰を果たし、結婚して幸せに暮らしていると聞いている。ご両親との関係の修復はこれからといったところだ。

彼の場合もそうだが、司法サポートで支援しても、うまくいかず再度逮捕ということも結構ある。これをいちいち失敗だと嘆くのではなく、何度でも回復のチャンスはあるので諦めずに支援を続けるというスタンスでやっている。彼との関わりで「諦めない」ということを学んだ。

最近増えているのは、暴力団に登録があって、離脱したいという人からの相談だ。「脱退届を出したいのだけどどうしたらよいか？」「組織自体がなくなっている場合はどこに出したらよいか？」などの相談である。登録がされたままでは、刑の一部の執行猶予や仮釈放がもらえないなどの不利益が生じる。裁判中に脱退届を出して受理してもらえるかどうかで判決内容が多少なりとも違ってくる。基本的に司法サポートを契約する際には、暴力団に登録があっても離脱意思があればＯＫとしている。なかには最初は離脱意思があったのに、やはり自分は若い時からお世話になって可愛がってもらっていたので、どうしても抜けられないという人もいる。自分がそういった組織から抜けた後の生活がイメージできないのかもしれない。

私は、自分にとってはこの仕事を天職と思っているので、裏切られることもあるのだが、周りからいわれるほど、大変だと思ったことはない。回復の道筋を示して、裁判で証言しても、出所するときには違う道を選んでしまうということもある。私が裁判で語ったことには強制力がない。本人は、「やっぱりダルクには行きたくない」「家族が心配だから」「仕事をしないといけないから」と、いろいろな言い訳をつけて自分のやりたいような生活を送る。それでうまくいけばいいのだが、そういった場合、残念ながらまた逮捕されて連絡がくるということが多い。なかなか１人でやめていくこと、やめ続けることが難しいのが薬物依存症という病だ。

ダルクに行くといって行かない人、暴力団から離脱したいといいながら辞めない人など、人の気持ちは変わることもあるんだ、今回は回復のタイミングではなかったんだと思うことにしている。

うまくいったときは嬉しいけれど、うまくいかなかったときも落ち込まない。マイナスの感情をプライベートに持ち込まないよう、気持ちの切替えが自然にできているような気がする。

そしてアパリの活動も神様に守られているように感じている。何度も解散の危機に見舞われながらも必ず救世主が現れて存続できている。アパリが20年間続けられたということは、きっと必要なことだから神様が残してくれたのだと思っている。

11 リーガルカウンセリングと「報告」

紛争は早期に解決しないことが多いため、クライエントとの関係も長期間にわたって続くことになる。紛争にばかりに目がいってしまうと、紛争を抱えている当のクライエントのことを忘れてしまいがちになる。

クライエントのことを失念しないように、「ほうれんそう」という便利な語呂合わせがある。「報告」、「連絡」、「相談」のそれぞれの頭をとってただつなげただけの言葉ではあるが、実に重宝する。

「連絡」や「相談」を忘れる弁護士は多くない。

「連絡」はそもそも必要性が高い。しかも事務的な作業であるから、秘書にやってもらえる。

「相談」は紛争の進展に応じてその都度当然に必要になる。そもそも怠ることは許されない。

これに対し、「報告」はついつい怠りがちになる。「報告は報告すること自体を目的とする作業である」というように報告の意義をあまり重く考えていないからである。忙しいと「報告」はついつい後回しになってしまう。

しかし、「報告」はクライエントとのラポールの維持に不可欠の作業である。水がなければ草花は枯れてしまう。「報告」がなければクライエントとの間のラポールも枯れてしまう。「忙しい弁護士に進行状況を聞いたら迷惑ではないか」とのクライエントの悩みは、期間が長びけば不信感へと変わってしまう。

「報告」は弁護士活動の適切性・妥当性の維持にも役立つ。

医師や弁護士のような専門職は、その専門性からくる広い裁量に守られ、業務の適切性や妥当性について審査を受ける機会に恵まれていない。弁護士は、その活動をクライエントにわかりやすく報告する作業を通じて、活動の適切性や妥当性を自ら検証する有益な機会を得られるのである。

つぶやき

クライエントにとって最もわかりやすい「できる弁護士」の基準は「レスポンスの速さ」。

レスポンスが3時間以内なら「優」、6時間以内なら「良」、24時間以内なら「可」。

これを超えれば「不可」、48時間を超えれば「不可解」、72時間を超えれば「不愉快」。

●報告とクライエントの安心感 ………………………… **諏訪裕子（臨床心理士）**

クライエントとカウンセラーとの二者関係から、三者関係が発生した際に、「報告（情報共有、フィードバックと置き換えてもよい）」がしばしば行われる。

クライエントは、自分が打ち明けた機微な話が面接の外で、誰と、どのように共有され、その結果どうなったのか、気を揉むことがある。

「報告」の内容は、正確、詳細である必要はなく、クライエントの安心感につながるものであることが望ましい。

12 嘘について

自分を信じ、愛することのできない人は、人を信じ、愛することもできない。

だから、自信のない人ほど、多くの嘘をつく。

もちろん、完全に自分を信じられる人、あるがままの自分をそのまま認めている人は、あまりいない。

だから、どんな人でも多少の嘘はつく。嘘をつかなければ、なかなか生きていけない。

自分の弱さを受容する人との出逢いは、人の心を素直にする。

無理に心の瘡蓋を剥がそうとすると、心は痛みで悲鳴をあげる。

瘡蓋が剥がれるのを、ゆっくりと、待ってあげることが大切である。

●嘘の区別は早めにつける ……………………………… **山岡昌之（心療内科医）**

嘘については、クライエント自身が自覚している嘘なのか、あるいは、認知症か何らかの精神的疾患によりクライエント自身に自覚のない嘘なのかの区別を早めにつけることが重要である。

クライエント自身が自覚している嘘の場合、クライエントとの治療的な関係を保っていくために、時と場合によっては嘘を受け入れることも必要である。嘘を受け入れられたところから、クライエントの反省が生まれてくるからである。嘘だと指摘するのではなく、時間をかけて包む。傾聴して、信頼関係が築かれる中で、クライエントの心の中に反省が生まれ、嘘が自壊していく。

クライエント自身に自覚のない嘘、クライエント本人が真実だと思っている嘘の場合は、医療との連携・協働が必要となる。

●嘘への対応を使い分ける ………………………三好洋子（三宿憩いの家 職員）

嘘にもいろいろある。

・本人は嘘をつくつもりはないのに認知の歪みから結果として嘘となる場合
・自分の世界で物語を語る場合（他者の迷惑になることが少ない）
・嘘をつきながら相手を試す場合
・自分を含めた何かを守るための嘘　など

嘘を正す場合と騙されたふりをして聞き流す場合、その時々で使い分けるとは言っても嘘に気づかないことも多々ある。

「嘘をつく」ことには大きな意味が隠されていると思う。

13 厄介なクライエント

教え子の弁護士と食事した。

その教え子は、弁護士４年目である。

厄介なクライエントを抱えている。

辛そうだった。でも、あまり同情しないで話を聴いた。

その後日、会食の御礼に併せて「自分の心の狭さを反省している」と、メールにあった。

人を受け取ること、それは、自分が傷つくことでもある。

自分の価値観、感情が死ぬことでもある。

心を拡げるとき、心は裂けて痛みを感じるだろう。

この、いわば「心の成長痛」ともいうべきものを味わっているのは、クライエントと正面から向き合っているからでもある。

大きく、大きく、大きく、なあれ！
大きくなって、天まで届け！

●厄介者は治療者の成長を促す……………………………山岡昌之（心療内科医）

厄介なクライエントと接しているとき、嫌だなとか、面倒だなとかと考えるよりも、厄介なクライエントこそ治療者にとって心理的・知的成長を促す機会を与えてくれる存在だと考えることに私はしている。

寛容を強いられるし、勉強もしなければならない。だが、厄介なクライエントが治っていくと、治療者は自分の成長を感じることができ、成長したのはこの厄介なクライエントのおかげだと思えるようになる。

どのクライエントとの出会いも、縁である。治療者は、クライエントを育てているようで、実は、クライエントから育てられてもいるのである。

厄介なクライエントは、縁があって自分のクライエントとなったのだ。私を磨いてくれるために来ている。だからこちらからは絶対に切らない。縁があって来た人、私に治せる力があるから来た人なのだから、この治療を通してクライエントも自分も共に育つと考える。

これがクライエントを包む力になる。このように考えれば、厄介なクライエントもあまり厄介ではない存在と思えるようになる。

14 心身医療とリーガルカウンセリング（心療法律相談）

心療内科医・河野友信氏の遺稿『新・心療内科―身体のストレス病を治すために、知っておくべきこと―』（ＰＨＰ研究所、2006年）に、リーガルカウンセリングの本質論と相通じるものを見いだした。

「従来の医学、医療は身体面からする病気の原因や成り立ちの探求に重点が置かれたために臓器中心となり、臨床の場でも臓器別に専門診療科が細分

> 化されていて、患者さんの心理面についての配慮が少なく、全人的に診るという視点が不十分であった傾向がみられます。
>
> そもそも医学、医療が他の自然科学と決定的に違うのは、症状や苦しみ、悩みを持っている人間を対象としている点にあります。
>
> そこで前述のような従来の医学、医療の在り方に対する批判、反省の上に立ち、新しく誕生し注目されているのが現代の心身医学、心身医療といえましょう。
>
> そしてこのような心身医学、心身医療を専門的に実践する代表的な診療科名が心療内科（心身医療科）なのです」（同書のはしがき〔九州大学名誉教授中川哲也氏〕から）。

「心療内科」という言葉が、昭和38年当時の身体主義一本槍の我が国の医学界へ警鐘を鳴らしたのと同じく、「リーガルカウンセリング」という言葉も、現在の法学界に警鐘を鳴らすものであってほしい。

そのような意味を込めてリーガルカウンセリングの訳語ともなり得る新たな概念として、「心療法律相談」という新概念を提唱したい。

●河野医師により結ばれた縁…………………………………山岡昌之（心療内科医）

ある日、某出版社が突然原稿を持ってやって来た。河野友信医師の絶筆で、校正が終わっていないが出版したいとの意向だった。何人かの心療内科医で手分けして校正し、出版した。

笹瀬弁護士はその出版本を手にとり、あとがきに私の名前を見つけ、それが私と笹瀬弁護士との出会いとなった。河野医師が私と笹瀬弁護士との縁をつないでくれたと感じている。

心療法律相談という新概念は、医療に置き換えれば心療内科である。それを法律の世界で実践することである。斬新ではあるが、奇抜ではない。

15 ラポール形成の第一歩

クライエントとのラポールは、どのような過程をたどれば形成できるのだろうか。

最終的な目標は、クライエントの「信頼」を得ることである。

では、どのような過程をたどれば、この「信頼」までたどり着くことができるのだろうか。

米国No.1の営業マンであるジェフリー・ギトマーがその著書（月沢李歌子訳・川井かおる監修『営業の赤本　売り続けるための12.5原則』日経ＢＰ社、2006年）で述べている次の言葉は、示唆に富む。

「お客様があなたを気に入ってくれて、あなたを信じてくれて、
あなたを信用してくれて、あなたを信頼してくれれば……
あなたから買ってくれるかもしれない」

「頼る」という依存関係が築かれる前には、「用いる」という対等関係が築かれなければならない。

「用いる」という外的行動を起こす前には、「信じる」という内心が形成されなければならない。

「信じる」という内心が形成される前には、「気に入る」という内心が形成されなければならない。

気に入ってもらい、友としての親しみを感じてもらえること、これがラポール形成の第一歩である。

COLUMN　笑顔は最強の武器・必須スキル――菅原徹

（感性価値プロデューサー）

「あらゆる状況において微笑むことを学びなさい。それを、あなたの強さと能力を証明する機会と見なしなさい」。

Learn to smile at every situation. See it as an opportunity to prove your strength and ability.（ジョー・ブラウン）

笑顔は面談において情報の受発信のスピードと親和性を高めてくれる。また、相手の自己開示を促し正確な情報を引き出すことを可能にする。さらに、クライアントと自身を強いストレスから守るクスリとしても働くので、士業

における最強の武器、カウンセリングにおいて必須のスキルといえるだろう。
ところで、「あなたは、笑顔ができているか」。
本物の笑顔、誰しも好感を抱く幸せの表情のことをデュシェンヌ・スマイル（表情研究の父、神経科学者ギョーム・デュシェンヌにちなんで）と呼ぶ。その特徴は目が笑っている点だ。これに対して、つくり笑顔や好意が伝わりにくい偽物の笑顔をノンデュシェンヌ・スマイルという。
20代の日本人における、デュシェンヌ・スマイルを意識的につくることができる人の割合を調査したところ２割ほどしかいなかった。８割の人は笑顔で使う表情筋の活動が弱く目が笑っていない、笑顔では決して使わない怒りの表情をつかさどる筋肉を使っているのがみてとれた。顔の表情筋の絶妙な緊張と弛緩によって幸せの表情はできているのである。
あなたはデュシェンヌ・スマイルをプレゼントできる２割の人か、それとも……。本物の笑顔でないと笑顔のチカラの恩恵を受けることができない。そこで、知っているようで知らない、科学的に明らかにされている笑顔の知恵について、紹介したいと思う。

笑顔のチカラ

デュシェンヌ・スマイルは人から好感を持たれる。それによってプラスの出来事が起きるようになる。なぜなら笑顔をみると脳のミラーニューロンの働きによって自分も反射的に笑顔になるためだ（情動のミラーリング）。
そして、笑顔になると脳のA10神経群が刺激されてポジティブな感情と意欲が高まる。表情筋の刺激がドーパミンやエンドルフィン、セロトニンなどの快物質の分泌を促すので、相手もとてもいい気分になる。
その結果、頼み事を快諾してもらえたり、交渉や契約がスムーズに進んだりと、小事が大事につながるわけだ。この事象を裏付ける実験を２つ行っている。
１つ目は、ある企業の依頼を受けて、その会社の商品の売上げ上位の販売員と下位の販売員の笑顔を分析した結果である。すると、売上げ上位の人たちは全員がデュシェンヌ・スマイルの持ち主。一方、売上げ下位の人たちは極めて笑顔がぎこちないというデータが示された。つまり、人は販売員のセールストークや商品知識でモノを買っているのではなく、販売員の笑顔が購入の決め手になっているのである。

２つ目は、初面談を想定しての実験だ。初対面の人と会話をして、息があった、息があわなかったと相性を感じることがあると思う。この相性、息があうとか、あわないは何が関係しているのだろうか。お互いの性格だろうか。それとも会話の内容だろうか。

初対面のペアの会話の満足度と、性格、呼吸のリズム、心拍のリズム、会話の内容、みた目の第一印象、表情の表出などの関係性を分析してみた。すると、会話の満足度に関係していたのは、みた目の第一印象と会話中の笑顔の表出頻度とその強度であることが示唆された。非言語的な要素と、笑顔のキャッチボールが大切なのである。表情が変わると、顔つき、身振り手振り、声質まで変化する。外見は一番外側の中身、心の表れでもある。

まずは、外側から華やかにしていくと、人との関係性は豊かなものになるのである。

笑顔をつくるトレーニング方法

モノマネの四天王、顔芸の達人、タレントのコロッケ氏は表情筋を自由自在に動かすことができる。顔の肌もはりがあって皺も少ない！これは日ごろの表情筋エクササイズのたまものだ。笑顔づくりも、表情筋の収縮とストレッチを繰り返すことで上達し、美しいデュシェンヌ・スマイルの形成まで可能になる。本物の笑顔を脳と筋肉に学習させる、「ウンパ二体操」をご紹介する。

鏡を用意しよう。はじめに、目を大きく見開いて、口を尖らせて「ウ〜」と発声。これは笑顔で使う筋肉以外の筋肉を先に使って、笑顔時にリラックスさせる効果がある。次に、目を細めて、口を閉じたまま口角を上げる。クシャッとした笑顔で息を止めるように、「ン〜」と発声。３秒ほど我慢して、「パッ！！」と口を大きく開けて息を吐き出す。最後に、下顎を上げて「ニッ」、上下の歯列をそっとかみ合わせる。デュシェンヌ・スマイルが完成するまで、毎日10〜20回繰り返してみよう。

脳神経外科医、日本大学名誉教授の林成之医師は、緊急救命センターの部長を務めていたとき、スタッフに毎朝鏡の前で笑顔をつくってくるよう指導までしていたそうだ。順天堂大学医学部教授の小林弘幸医師も、ストレスの緩和に鏡をみての笑顔づくりを推奨している。自分自身に微笑みかけることは心身健康、良好な人間関係に必要だというわけである。

私は、このような、笑顔を対象とした研究活動を20年続けている。笑顔を科学する研究者になろう！！――そのような志を持つきっかけを与えてくれたのが映画「パッチ・アダムス」だ。愛とユーモア、笑顔と笑いで患者に寄り添う医療を行うハンター・アダムス医師をモデルとした伝記映画だ。ハンター・アダムス医師はクラウンドクターとして活動している。「もっと毎日ワクワク笑顔で過ごせたなら心因性の病気になどならないのではないか」「笑顔になるものづくりやサービスが提供できないか」「希薄な人間関係を笑顔で深めることができないか」……そんな想いを抱いて、笑顔研究を推進している。

患者は身体や心の調子の悪さを感じて、不安を抱きながら病院に来ている。これで医師が鉄仮面、機械的に診断していたら、不安を増してしまうだろう。医師だけでなく、そう、あなたのような弁護士、看護師、保育士、教師、薬剤師など、あらゆる士師業の方々に、笑顔の薬をまず処方してもらいたい。

人が喜ぶ本物の笑顔を修得するためには、その形と仕組みを理解することが前提だ。レオナルド・ダ・ヴィンチが美しい絵画を制作するため人体プロポーションの測定と解剖を徹底して行っていたように。

笑顔のあるリーガルカウンセリングをアートの域まで高めるためには、その科学が基礎となる。知愛合一、知ることは愛すること、愛することは知ること。専門的な法律知識のほかに、人と人との関係性形成の知恵を学ぶことが、実社会で活躍する第一歩になるはずだ。社会や世間をしっかりみる目を持つ法律家のあなた、今日も一日、顔晴って。

「笑顔は愛の始まりなので、いつもお互い笑顔で会いましょう」。
Let us always meet each other with smile, for the smile is the beginning of love.（マザー・テレサ）

16「解決」の意味

法律相談室を訪ねる方は、それぞれ、何らかの「問題」を抱えている。ここでの「問題」の特徴について分析してみると、それは、他者との関わりによって生じた「問題」であり、それは「紛争」あるいは「たたかい」といった類の「問題」であることがわかる。

つまり、単純なその人限りの個人レベルでの悩みではなく、他者との関わりで生じた「問題」であって、他者との間で「権利・義務」という形で構成される可能性を内在している「問題」である。

法律相談室を訪ねる方は、その「問題」の「解決」を求めている。「問題」は、上記のように、単純な個人的な悩みとは根本的に異なるのだから、話を傾聴するだけでは不十分で、「解決」を提示するものでなければならない。

では、ここでいう「解決」とはいったいどのような意味内容であろうか。この点、『犯罪被害者の心の傷　増補新版』（白水社、2006年）の著者である小西聖子氏は、同著の中で次のように述べている。

> 「裁判を闘うことが非現実的な被害そのものの回復ではなく、喪失したものの価値を取り戻す行為――簡単に失われてしまったものをかけがえのない貴重なものへ変換する行為――となるときに、はじめて裁判は癒しの機能をもつ」（同著164頁）。

請求金額が獲得できれば「解決」したということになるのであろうか。獲得金額が「喪失したものの価値」が取り戻されたものとクライエントに感じられるということであれば、「解決」したといえるであろう。単純なビジネスマターにはそのような場合もあるかもしれない。

しかし、法律相談室に持ち込まれる「問題」は、複雑な様相を呈しているのが常態であって、単に解決金が支払われれば解決するといった類の問題ではない。

リーガルカウンセラーは、そのクライエントが失ったものが何であるかを見極め、その価値を量り、その価値が取り戻される手段――失われてしまった価値が、かけがえのない貴重なものに変換される手段――を考えなければならない。

このような深慮なしに、ただやみくもに解決金の獲得を目指し、その手段を検討しても、クライエントにとっては何の解決にもならないのである。

では、「かけがえのない貴重なもの」とはどのようなものであろうか。それは、もはやお金で買えるようなものではない。かけがえのない貴重なもの、それは正義であり、公平であり、原理原則であり、良心である。

だからこそ、リーガルカウンセラーは、相談を傾聴しながら、何が正義であり、何が公平であり、何が原理原則であり、何が良心であるかを、探り、見つけ、それを検証する必要があるといえよう。

●ゴールは初回面談で確認する ……………………………… **諏訪裕子（臨床心理士）**

カウンセリングにおける最終的なゴールは、面談を重ねる中で変化する可能性もあるが、できる限り、初回の面談で確認することが望ましい。ゴールは、カウンセリングに訪れたきっかけに隠れていることが多いからである。

混乱した状態にあるクライエントは、「最終的に、どのような解決を望むのか？どのような状態になりたいのか？」ということを、初回から明確な言葉で表現することは難しいかもしれない。

「なぜ、このタイミングで相談に来たのか？」クライエントの来所の経緯を、順を追って丁寧に確認することで、クライエントが大事にしてきたものは何か、何を失ってしまったのか、どのように取り戻したいのかを知ることができる。

また、カウンセラーとして、自分にできること、できないことも明確になるため、ゴールが設定しやすくなるであろう。

17 謙虚さについて

万引きで執行猶予中の摂食障害の女性が、再び万引きで捕まった。

前回の弁護士が再度彼女の弁護をした。その弁護士は、主治医から「摂食障害と万引きの相関性を主張してほしい、自分も法廷で証言してもよい」と頼まれたのに、謝罪一辺倒の弁護をした。

裁判所は実刑判決を下した。

なぜ弁護士は主治医の意見に耳を貸さなかったのか。弁護士は、法律知識については専門家だが、法律知識以外については素人だろう。専門家の意見に耳を貸す謙虚さを忘れてはいけない。

主治医から私に、控訴審の弁護依頼が来た。原判決の破棄と再度の執行猶予をもらう自信などなかった。

ただ、やるべき作業だけははっきりしていた。

摂食障害学会の会長をはじめとする専門医３人にお会いしてお話を伺った。うち２人からは意見書をいただき、主治医には証人に出ていただいた。そして弁論では以下のように論じた。

第２　責任能力の判断について

１　次に、責任能力についてですが、Ｙ医師の証言内容に照らせば、やはり完全責任能力があると言い切るには疑問が残ります。

２　そもそもの「前提」としての議論である「摂食障害患者と万引きとの結び付きがどの程度あるのか」という点についてですが、Ｙ医師の経験からは、約70パーセント以上の摂食障害患者が万引きをしているとの証言でした。

この約70パーセント以上という数字は、自己申告された数字であり、少なくとも約70パーセント以上の患者が万引きをしてしまうということです。

したがって、自己申告されていないいわゆる「暗数」をも含めれば、もはや万引きは摂食障害患者の病気の症状の１つと考えることができます。Ｙ医師の言葉を借りるならば、「喘息患者が咳をするのと同じように、摂食障害患者は万引きをする」ということです。咳は違法行為でないのに対し、万引きは違法行為であり、その行為の持つ社会的意味はおのずと異なってくることは当然ですが、病気の症状としては同じであり、喘息が治れば咳が止まることになるのと同じように、摂食障害が治れば万引きも止まります。そのため、症状としての万引きを止めるためには、摂食障害を治す必要があるのです。

３　摂食障害患者が万引きをするときの状況については、喘息患者が抑えられず咳をしてしまうのと同じように、摂食障害患者も抑えられず万引きをしてしまいます。幼い子が、人の物をとってはいけないことがわかっているのに、ふっととってしまう。

そのようなふっとした衝動に突き動かされて犯行に及んでしまう、摂食障害の場合は衝動に負けてしまいますとのお話でした。

4　このような情動行動を、これまでの心神喪失あるいは心神耗弱という概念の枠組みの中に調和的に位置付けることは、かなりの困難を伴うものと思われます。しかし、かといって完全責任能力があると言い切ることにも、同じく相当の躊躇を覚えます。

責任能力という犯罪成立要件が要求された根本趣旨に遡って考えてみると、このように「万引きは摂食障害の症状」という理解が正しいのであれば、その病人の行為（症状）に対する非難可能性は、やはり著しく軽減されるべき場面であることは間違いないからです。

そうだとすれば、諸外国と同じく、摂食障害患者については司法的手続から早期にダイバートさせて治療に専念させることが最重要課題であり、心身喪失・心神耗弱というタームも、ダイバートのための機能概念として用いられてよいものと考えます。

上記の弁論の後、控訴審は原判決を破棄し、再度の執行猶予を付した。

つぶやき

ある弁護士曰く「勝ち筋のようでも負け筋だと思って心を引き締め、負け筋のようでも勝ち筋だと思って心を奮い立たせなさい。真実のようでも嘘ではないかと疑い、嘘のようでも真実ではないかと信じてみなさい。バランス感覚のある仕事は、ちょっとした心掛けから生まれてくるんです」。

●窃盗は三者三様 ……………………………………… **山岡昌之（心療内科医）**

摂食障害の症状としての窃盗は、自分は盗みたくないが気が付いたら盗んでしまっていたというケースである。空腹で血糖値が下がり、気が付いたらポケットに食べ物が入っているという動物的衝動に基づく行為である。責任能力はあるものの、盗む瞬間は心神耗弱状態にあり、責任能力は減退している。悪いと思っており、反省の度合いが大きい。そして、摂食障害が治れば、窃盗もしなくなる。

クレプトマニア（窃盗癖）は、盗むことに喜びを感じ、繰り返すケースである。依存症の一種といえる。

一番タチが悪いのは、摂食障害でもなく、クレプトマニアでもない、普通の窃盗である。見つからないように盗む。盗むことに特別な喜びを感じるわけでもなく、盗んだことに対する反省もない。

18 受容から生まれるもの

ある少年審判でＡ君は、短期保護観察に付された。Ａ君は高校３年の時、万引きで審判を受け不処分となった。そして浪人中の今年、今度は恐喝と暴行をはたらき、２度目の少年審判だった。Ａ君は、中高一貫校の有名進学校に入るためにひたすら勉強し、念願の中学合格を果たした。ところが、成績が低迷し、自己評価をどんどん下げていった。その挙げ句がこれらの逸脱行動となった。

そんなＡ君の心を変えたのは､補導委託先の老人ホームでのある出来事だった。Ａ君は私との面接の際、その体験を瞳を輝かせて語ってくれた。

100歳くらいのおばあさんが１時間半くらい自分に話しかけてくれた。彼女は学生時代からダンスが好きだった。彼女は話が終わる頃、突如立ち上がり、Ａ君とダンスしはじめた。老人ホームの中で、彼女は孤独だったのだろう。居場所がないと感じていた。いつも車椅子に座り、押し黙っていた。

そんな彼女がＡ君を選んだのは､偶然ではなく､Ａ君なら自分の気持ちをわかってくれると思ったからだろう。

Ａ君は彼女を知ってあげた、認めてあげた。Ａ君が彼女の話を根気よく１時間半も聴けたのは、彼女の気持ちの中に、Ａ君自身のいまの気持ちに通じるものがあったからだろう。彼女の発する「自分を知ってもらいたい、自分を認めてもらいたい」という気持ちがＡ君にも痛いほどわかったからだろう。

彼女は自分自身を取り戻し、立ち上がってＡ君とダンスを踊ろうとした。彼女が立ち上がることができたのは、彼女の気持ちの理解者に出会えたからである。

Ａ君が再び立ち上がることができるとすれば、その鍵は、まさに、Ａ君が理解者に出会えるかどうかにある。

●生きていていいという保証……………………………山岡昌之（心療内科医）

誰かから必要とされていると感じることは、人が生きていくうえで最も重要な要素である。

Ａ君は、おばあさんから必要とされていることがわかった。自分にはそのおばあさんを立ち上がらせる力があることがわかった。孤独なおばあさんも、一生懸命に話を聴いてくれるＡ君から、自分が必要とされていると感じることができた。

自分は生きていていいのか、人はいつも自問自答して毎日を過ごしている。人から必要とされていると感じることは、生きていていいという保証をもらうことである。Ａ君は、自分が生きていていいと感じ、生きていていいという保証をもらったのである。

●信頼は贈られるもの ……………………………三好洋子（三宿憩いの家 職員）

学生時代、ある先生から「信頼とは贈るものではなく贈られるもの」とよくいわれた。「信頼とは贈るもの」と思っていた私は、子どもたちと暮らして先生の言葉を実感した。「信頼に足る人であれ」と。

「ケンカ」をしたら「和解」ができる、「失敗」したら「やり直し」ができる。人と人が一緒に暮らす社会はそんな社会であってほしいと思う。

困難を抱えた人とのやりとりは時にエネルギーを必要とする。しかし目の前で苦しんでいる人が少しでも楽に生きられるとしたら、「勝利」である。小さな「勝利」を積み重ねて生きていく力を分け合いたいと思う。

子どもたちと一緒に暮らすということは、見失いかけている、捨てかけている「自尊心」にノックし続けることだと思う。エネルギーをぶつけ合って暮らしていると、ある時、その子の品性に触れることがある。内面から滲み出てくる人としての慎ましさと誇り。「やっと出会えた！」と思う至福の時である。

COLUMN　少年法改正に想う――三好洋子（三宿憩いの家 職員）

一緒に暮らす

憩いの家は、規則をできるだけ少なく、約束事を中心に暮らしている。規則が少ない理由は、考える力と判断する力を養ってほしいという思いと、うちに来るまで生きてきた時間が全く違うという点で規則にしてしまうには無理があり、１人ずつが違うというやりとりを大切にしたいと思うからだ。

半年から１年前後一緒に暮らした後、アパートや会社の寮に独立していく。なかには半年を待たずに少年院に行く子もいる。

一度関わったらこちらからは関わりを切らないことを基本にしている。10年前に出会った子とは10年の付き合いが、20年前に出会った子とは20年の付き合いが続いている。３回以上復活した子は半数以上いる。子どもたちが出た後、問題にぶつかったとき、相談に来てくれることを望んでいる。

一度目の暮らしのポイントは、憩いの家を出た後困ったとき、生きることに迷ったとき、相談に来られるだけの関係がつくれるかどうかにかかっている。しかし子どもたちの気持ちを「わかっていたい」という思いと、社会で生きていくために必要なことを要求することは別だ。激しいぶつかり合いもしばしばある。時には怒鳴り合いの大喧嘩になることもある。社会に対して、どんなにえこひいきをしてもフェアにはなり得ない中で生きてこざるを得なかった子どもたちと「一緒に暮らす」ことを大切に考えている所以だ。

うちにやって来る子どもたちは、苦しみを苦しみとして申告できないまま、しようとしないままたどり着く場合がほとんどだ。非行もその現れだ。22年間一緒に暮らした170人近い子どもたちの大半が非行に関係している。家庭があるないにかかわらず、物心付いた時から納得し難い体験ばかりを繰り返し、私たちの想像をはるかに越える過酷さの中で生きてこなければならなかった子どもたち。私にとって子どもと関わるということは、子ども自身が見失いかけている自尊心に、棄てかけている自尊感情にノックし続けることでもあるのだ。

時間をかける

子どもの問題として反抗的だったり、大人への不信感が強いことを挙げられることがある。考えてみると「反抗」は必要な発達のプロセスであり、「不信感」の量は、信頼したいことへの思いの強さに思われてならない。

子どもたちと暮らしていると思いがけないトラブルや、周囲が振り回されて理解に苦しむトラブルがよく起こる。そんな時「なぜこの子はこんなトラブルを起こす必要があったのかな、何の必要があって私はこのトラブルに立ち会うことになったのかな」と考えることにしている。必ずあるはずの訳を知りたいと思い、ゆっくりと時間をかける。するとこの子にとってはとても大切な時間であり、成長のプロセスだったということによく気づかされる。子どもの持つ弱さや脆さに私自身の脆弱性を映し出されることがある。どんなに理解し難い行為であっても、同じ人間である以上私の中にも起こり得ることなのだと思う。憩いの家で子どもたちと暮らしていると「時間は必要に応じて流れる」ことを痛感することが多い。

語弊があるかもしれないが、出会った子どもたちをみていると非行も成長のプロセスに思えてならない。心に抱え切れないほどの寂しさや哀しみや無念さや辛さを持て余した結果ここにやって来る。ようこそ我が家へ、と思う。凄まじい生活の始まりだ。人の心を真に理解することなどあり得ないことだと思う。それでもなぜこの子が非行に至ったのか、その訳を感じていたいと心から思う。「この人と結婚をして幸せになろう、子どもが生まれたらいい家庭にしよう」そんな思いとは逆に離婚しなければならなかったり、子どもが鑑別所、少年院に行くことになったり、思いどおりにならないというよりも､望んだこととは逆の方向に事態が動いてしまうという両親の苦しみ、両親が苦しんだ結果子どもたちが心に深い傷を負い、加害者という立場に立たざるを得なかった不幸に心が痛む。その苦しみが悲しみに変わるまで、心だけは傍らにありたいと思う。

入居に関しては手間と時間をかける。入居依頼があると、子どものいる場所に出掛けて行く。そこで気の済むまで面接をする。そして憩いの家に二泊してもらう。そのうえで入居するかしないかはその子に決めてもらう。

泊まりに来ることができないのが国立教護院、鑑別所、少年院に入所中の子どもだ。初めて会う子どもたちはみな緊張している。その中でも鑑別所で会う子の緊張の質は少し違うように思う。悪いことをした結果鑑別所にいることへの罪悪感と審判を控えた不安はどの子にも隠せない。重い事件を起こしてしまった子や、事件そのものよりも大変な生い立ちの子は、なかなか口を開かない。

学生時代に尊敬する先生から何度もいわれた「心の扉には内側にしか取っ手はない。心は開くものではなく開かれるもの」という言葉を思い知ることになる。心に曇りはないか､濁りはないかを厳しく問われるものがある。「心を閉ざすことで必死に自分を守ってきたんだな」と胸のふさがる思いをすることがある。

「わかってほしい」と思うのは人の常だ。硬く閉ざした心がほぐれ始めると少しずつ言葉が出てくる。生きなければならなかった過去の時間や心のうちを語り始める。思いの丈を語れた子は、時に輝くほどの品性を滲ませることがある。｢命が輝いている｣と思う。僅かな面接時間の中でも子どもたちは、大きな変化をみせることがある。

審判は再生の場

再び被害者を出さないために、「やったことに対する心の痛みを取り戻してほしい」と思う。そのためにも、子どもが語れる心の情況を審判まで維持したいと思う。思いを言葉にするのは大人でさえ難しいことだ。「立場上こんなことをいってはいけないのではないか、きちんとした言葉でいわなくてはなどと考えず、裁判官に聞いてほしいことを自分の言葉で話しなさい」と何度も念を押す。私は必ず審判の立会いを裁判官にお願いしている。面接でみせた変化の続きを審判でもみておきたいと思うからだ。審判での緊張が少しでも和らぐように「先日会った親しいおばさん」のつもりで審判廷に入る。子どものボソッと語る一言を、一瞬みせた表情をこぼさないように感じていたい。子どもが見失いかけている自分自身を探していくプロセスに立ち会いながら、「審判は裁きの場ではなく再生の場なのだ」という思いを強くする。面接から審判への時間の流れは、これから始まる子どもとの暮らしの大きな手がかりになるのだ。

私はうちの子の公判に証人として何度も出廷した。年齢は成人であっても未熟なうちの子どものことを考えると「公判は法曹関係者が主役だ」という不満感が残ることがほとんどだ。子どもが感じている負い目や罪悪感は別として、審判の主役は子どもである。人間関係につまずき不信感ばかりを募らせてきた子どもが、どれだけ思いを語れるか、大人が問われる。思いの丈を語れた子は、裁判官の言葉を受け入れる。子どもたちはあの緊張の中での審判の一部始終をよく覚えている。いい審判は、裁判官をはじめとする大人の言葉が心に届いているのがよくわかる。その言葉が１年後、５年後、時間とともに熟成されていくプロセスにもしばしば立ち会う。

法律のことはよくわからない。それでも少年法改正問題で私が最も気にかかるのは、このような審判を期待し続けることができなくなるのではないかということだ。

「金の卵」といわれた時代に比べると、今は大人になるテンポがかなりゆっくりだ。社会もそれを容認している。普通の子の何倍も手をかけてもらうことを必要としながら、何分の１しか手をかけてもらえなかった非行少年と呼ばれる子どもたちだけに、早く大人になることを要求するのは大きな矛盾に思える。大人自身が生きることに迷う時代に、子どもが迷わずに生きられるはずがない。僅かばかり先を生きている私たち大人が、一瞬一瞬を正直に誠実に生きることで、これから生きなければならない子どもたちの励みとなることを願っている。

19 メール相談について

パソコン・携帯電話が普及し、メールはいまや重要なコミュニケーションツールとなった。弁護士業務についてもその波は及んでおり、実際、クライエントとのやりとりにメールを使うことも多くなってきているし、なかには、メールで初回相談を受けるにとどまらず、その後の継続相談についてもなるべくメールで済ませようとする弁護士も出てきているようだ。

しかし、コミュニケーション中に占めるボディランゲージの比率が約８〜９割であること、つまり言語では伝えたいことの約１〜２割しか伝わらないことは、あまりにも有名な話である。そうであるにもかかわらず、わざわざ情報量が少なく誤解も生じやすいツールに頼って仕事を進めることは、あまりに危険である。もしクライエントと会うのが煩わしいというのであれば、きつい言い方かもしれないが、弁護士業には向かない。

事実を淡々と語るクライエントが、実はテーブルの下ではちぎれんばかりに強くハンカチを握りしめていたことにロジャーズが全く気付かなかったように、面接相談でさえも、心の襞に触れることは難しい。

●相談方法のあり方を見直す……………………………諏訪裕子（臨床心理士）

近年では、カウンセリングも電話相談やメール相談など、非対面の相談方法が用いられるようになってきている。新型コロナウイルス感染症対策として、オンライン会議システムを使用したカウンセリングも、今後常態化していくことが予想される。

これらの方法は、通信環境が整っていれば、地域を問わず、安価なやりとりが可能である。地域的、経済的な制約のみならず、身体的なハンディキャップを抱えている人たちにもカウンセリングの機会が設けられることの意義は大きい。

しかしながら、対面と非対面では手法の違いが大きく、直接の対面とオンライン上の対面であっても、その違いは大きい。コミュニケーションにおいては、会話の間（反応までの時間）や声のトーン（反応の強弱）なども、お互いにとって、重要な情報となる。当然、視覚・聴覚・文字のそれぞれで、情報の質に違いがある。

時代の変化とともに、手法が多様化されているいまだからこそ、相談方法のあり方を見直す必要があるのではないだろうか。

第3章 リーガルネゴシエーションの基礎

1 リーガルカウンセリングとリーガルネゴシエーション

「リーガルカウンセリング」と「リーガルネゴシエーション」とはどのように違うのであろうか。

大方の理解は「リーガルカウンセリングの対象者はクライエントであるのに対して、リーガルネゴシエーションの対象者はクライエントと敵対関係にある交渉の相手方である」というものであろう。確かに、そのように理解しても、あながち間違いとはいえない。

しかし、私は、このような理解では、いまだことの本質に迫り切れておらず、不十分であると思う。

私の理解はこうである。

「弁護士にとって、弁護士としての業務上関わるすべての人は、リーガルネゴシエーションの対象者である。そして、リーガルネゴシエーションの手法として最も優れた手法が、リーガルカウンセリングである」。

弁護士にとっては、クライエントも、クライエントと敵対関係にある相手方も、相手方弁護士も、検察官も、裁判官も、すべてはリーガルネゴシエーションの対象者なのである。

対象者が、リーガルカウンセリングによって、「この弁護士は話がわかる」と感じ、その感情が「自分が理解されている」というレベルにまで高まれば、対象者に対するリーガルネゴシエーションは成功を収めることができる。

憎しみが深ければ深いほど、人は、その分、その敵から愛されること、その敵から理解されることを切望するのである。

弁護士としての業務上関わるすべての人の感情に寄り添い、その感情に共感すること、すなわちリーガルカウンセリングは、すべての対象者に対するリーガルネゴシエーションにおける最も優れた手法なのである。

つぶやき

ある民事裁判官曰く「甘える弁護士には辟易する。自分で調べず、自分で争点整理せず、自分で法律構成せず、自分で解決策を提案せず、クライエントの説得も、こちらに任せきり」。

2 リーガルネゴシエーションのスタンス

弁護士の使命は、「基本的人権の擁護と社会正義の実現」（弁護士職務基本規程前文、１条）にある。

もし、クライエントの利益を実現することが基本的人権を擁護し社会正義を実現することにならないのであれば、事件を受任してはならない。

弁護士は、「良心に従い、依頼者の権利及び正当な利益を実現」（同21条）する義務を負っているのであって、「依頼の目的又は事件処理の方法が明らかに不当な事件を受任してはならない」（同31条）のである。

弁護士がクライエントの利益を実現することを通じて、その使命である「基本的人権の擁護と社会正義の実現」を果たそうとしていること、そのようなスタンスを保持していることがリーガルネゴシエーションの相手方に伝われば、より高次のレベルでのパラダイムを相手方と共有することが可能となり、これが相手方の歩み寄りを可能にするのである。

弁護士の使命が基本的人権の擁護と社会正義の実現にあるということは、言い換えれば弁護士はクライエントべったりではなく、クライエントから「自由かつ独立」の立場で職務を行うということである。

弁護士職務基本規程においても、前文において「基本的人権の擁護と社会正義の実現」の使命が高らかに謳われた直後に、「その使命達成のために、弁護士には職務の自由と独立が要請され」とあり、「使命の自覚」についての１条に続く２条には「弁護士は、職務の自由と独立を重んじる」と謳われ、さらに３章「依頼者との関係における規律」の冒頭条文には「弁護士は、事件の受任及び処理に当たり、自由かつ独立の立場を保持するように努める」（同20条）と規定されているのである。

クライエントの利益の実現を企図しながらも、クライエントから自由かつ独立の立場で職務を行っていることがリーガルネゴシエーションの相手方に伝われば、その好印象なバランス感覚ゆえに相手方からも信頼され、これが相手方の歩み寄りを可能にするのである。

つぶやき

反論の前に相手方の主張をしっかりと理解することは、相手方に対する最低限の礼節であると同時に、反論を説得的たらしめる最小限の条件である。

3 リーガルネゴシエーションと合理性

海で、ボディボードに乗った女性とサーフボードに乗った男性が衝突し、女性が怪我をした。この女性から男性との示談交渉を依頼された弁護士としては、まず何から始めたらよいか。

ネゴシエーションというと、「どのように話をもっていくか」というような、小手先だけのテクニックのように揶揄されがちである。もし、小手先だけのテクニックにとどまるならば、リーガルネゴシエーションなどと大上段に構えてみせたところで、単なる浅知恵にすぎないだろう。しかし、リーガルネゴシエーションは、そのような小手先だけのテクニックではない。

リーガルネゴシエーターが単なる交渉屋と異なるのは、リーガルネゴシエーターのネゴシエーションが「法的手続」からみた「合理性」に支えられているからにほかならない。

つまり、リーガルネゴシエーターの仕事は、事実を主張し、その事実を証拠によって明らかにするとともに、その事実に法を解釈適用し、これによって依頼者の社会生活上の利益が国家権力による実現可能な権利（力）であることを裁判所を通じた「法的手続」によって認めさせることにある。

そしてこの「合理性」は、「事実を証拠によって明らかにする」という点に、主として認められるのである。すなわち、リーガルネゴシエーションにおいて、まず何よりも手に入れなければならないものは、「証拠」である。「証拠」がなければ、お話にならない。

この意味で、証拠保全もせずに病院と示談交渉を始める弁護士は、弁護過誤の誹りを受けてもやむを得ない。医療行為の密室性、専門性、医療従事者の封建的な閉鎖性の3つの壁を証拠保全なしでも打ち破れるなどと思っているとすれば、ドン・キホーテよりも愚かである。

今回の事例においては、当該女性から依頼を受けたら、男性に内容証明を送る前に、まずはプロのサーファーから教えを乞うことが必要である。「餅は餅屋」である。

つぶやき

ある弁護士曰く「書証には、実に多くの真実が埋もれています。だから、それこそ繰り返し穴が空くほど観察すれば、真実が驚くほど鮮やかに浮かび上がってくるのです」。

4 リーガルネゴシエーションにおける「心の琴線」

ある事実が「心の琴線」に触れた場合、リーガルネゴシエーションは大成功を収める。相手方がクライエントと同郷であったり、被害者が加害者であるクライエントと同じく親の介護の問題を抱えて苦しんでいたり、検察官の息子が加害者と同じ病で苦しんでいたり……。

苦しみは体験してこそ、はじめて心から共感できるものである。もし、すべての体験に心から共感できるなら、人は毎日が辛くて生きてはいけない。ある意味、鈍感であることが防衛規制となって、自我は守られている。

ある妻が、夫の死後、夫が残した会社の貯金を全額おろした。会社は夫1人の個人経営であり、会社にはその預金以外は一切資産も負債もなく、夫の死亡により会社は事実上廃業となったので、妻の行為には何の問題もなかった。ところが、夫の会社を手伝っていた夫の妹が、妻の行為を非難し「会社の金を勝手におろすことは商法違反だし横領罪にもなる」などと告げて、妻にそのお金をそっくりそのまま妹の口座に入金させた。そのままお金は戻ってこない。

不当利得返還請求訴訟を提起し弁論準備となった2回目の期日、怒りで顔を真っ赤にして準備室に入ってきた裁判官は、裁判官席に座るやいなや、被告代理人に向かって「位牌を原告に返してあげなさいよ！」と詰め寄った。そして今度は原告代理人である私の方を向き、「不法行為についても請求されているというご理解でよろしいですね！」ときっぱりと言い放った。裁判官の琴線（むしろ逆鱗といった方が適切であろう）に触れたのは、原告の陳述書の「被告が原告の夫の位牌を実家に持ち去ってしまった」事実だった。次回期日で「請求金額全額について被告が原告に支払う」という内容の和解が成立したことはいうまでもない。

ゲシュタルト的発想を欠き要件事実にのみとらわれていれば、「位牌の持ち去り」は裁判上意味のない事実として、切り捨てられていたことだろう。何が琴線に触れるか予測はつかない。だから、すべての事実は琴線に触れる可能性があるくらいに考えておくことが、むしろ安全であるように思う。

5 リーガルネゴシエーションの際の「相場」

クライエントから「相場はどうなのですか」との質問が投げかけられることが多い。

私も「相場」の存在を否定はしない。ただ、「相場」というものは、スタンダードな結果にすぎない。つまり、相場の金額を得られれば、弁護士の仕事としては及第点だという程度のものである。

リーガルネゴシエーション能力が平均的な能力にとどまるならば、出せる結果も平均的な結果、つまりは「相場」にとどまらざるを得ない。リーガルネゴシエーションにおける最も優れた手法はリーガルカウンセリングであるから、相場以上の結果を出すにはリーガルカウンセリング能力を磨く以外に道はない。

クライエントの体験した事実について、時間をかけて具体的かつ詳細に聴き取ること。これがリーガルネゴシエーションを成功へと導く基礎作業である。クライエントの体験を深く感じてみる。クライエントに導かれ、その悲しみ、怒り、諦めに思いを馳せる。

そのような基礎作業によって得られた具体的な事実が本来持ちあわせている強い説得力は、ゆるぎない価値判断を導き出し、それが抽象的事実に当てはめた抽象的な基準である「相場」からの逸脱に合理的な根拠を与えるのである。

つぶやき

ある弁護士曰く「裁判所を説得する方法としては、過去の判例を分析しながら法律専門家として議論する方法よりも、何が問題なのか、率直にありのままを語る方法がはるかに効果的である」。

6 リーガルネゴシエーションと「閾値」

リーガルネゴシエーションの相手はロボットではない。生身の人間が相手だからこそ、リーガルネゴシエーションにおいては、理性面、感情面に配慮するだけではなく、人間が生命体として持っている生理的な側面についても、配慮する必要がある。睡魔に襲われている人には、まずは心地よい眠りが与えられることが必要である。いかに論理的に話しても、感情面に配慮してあげても無駄である。ネゴシエーションは眠りから覚めてから行うことがふさわしい。

ある自閉症の青年がいた。小学生の男児がズボンの外にワイシャツをだらしなく垂らしているのをみて、その青年は、身だしなみをきちんとさせてあげようと考え、両手をその男児のズボンの中にワイシャツとともに押し込んだ。青年は、直ちに強制わいせつの現行犯で逮捕・勾留された。

被害男児の両親の怒りは心頭に発している。弁護士が面会に来ることすら、強く拒んでいる。青年の勾留満期は迫っており、このままでは起訴されてしまう。起訴されればいまの日本の刑事裁判では、ほぼ100パーセント有罪になる。無罪を争えば「反省の情なし」として実刑になってしまう可能性もある。起訴されないためには、男児の両親に告訴の取消しをしてもらうしかない。

人体に対する刺激は、閾値を超えるとそれ以上は新たな刺激として感じることができなくなる。医師は、麻酔がない状態でも手術の必要が高ければ手術をする。病気による痛みがもはや閾値に達していれば、手術による痛みを加えても、それはさらなる痛みとしては感じられない。

両親の怒りは既に閾値に達している。とすれば、この緊急事態で弁護士としては、無理矢理にでも会いに行かなければならないのではないか。

弁護士は会いに行った。「会いに来るな」と言ったのに会いに来たので、悪口雑言を浴びせられ、さんざんに罵倒されたが、かろうじて青年の障害について説明し終えた。

その後すぐ、男児の両親は告訴を取り消し、青年は釈放された。

COLUMN　寄り添う療育・カウンセリング――浅間牧子

（浅間ペンギンＡＢＡ教室 代表）

私は、自閉症・発達障害のある方への療育カウンセリングを行う「浅間ペンギンＡＢＡ教室」を主宰している。

私には、自閉症という障害のある息子がいる。息子は、５歳の時点で意味のある発語がなく、パパ・ママの存在もわからず、こちらの指示が入らなかった。そして、奇声や自傷や奇妙な動作、ごみを食べる異食、触覚・聴覚の異常、睡眠障害など、通常では理解できない奇行が多々あった。育児に悩み疲れていた頃に、応用行動分析（ＡＢＡ）による療育法があることを知った。

「ＡＢＡ」とは応用行動分析学（Applied Behavior Analysis）のことで、この理論に基づいた行動療法である。アメリカ・カナダなどでは、その有効性が評価され発達障害児・自閉症児の療育として常識的に使われており、国からの公費・援助で受けられる療育だ。

最近では日本でも少しずつ広まってきて、教員採用試験や公認心理師試験などでも取り扱われるようになった。発達のメリハリを抱えて、不器用さや苦手なことがある発達障害・自閉症と呼ばれる子どもたちが「どんなふうにアプローチをしたら楽しく学べるか」「どんなふうに育てていけば幸せに暮らせるか」を追求するのが、応用行動分析（ＡＢＡ）による療育法である。

ＡＢＡでは、行動だけに注目して、データをとることでその行動の前後の状態を記録・分析し、その後の行動を予測し制御していく。そして、教えたい行動をスモールステップに細分化してプログラムする。通常ならば一段で昇る階段を何ステップにも細かくすることで、間違えないで褒められながら成功体験を積んで適切な行動を学んでいく。

「自閉症」は、乳幼児期から青年期にかけて発達の過程で明らかになる行動の障害である。発達そのものの障害ではなく、得意・不得意のメリハリが大きい、その中でも特にコミュニケーションが苦手なことが顕著に出る障害だ。現在では、これをすれば根本的に完治するという治療法はないが、適切な対応をすることで社会生活上の困難が軽減できる障害といわれている。愛情不足とか親のしつけといった環境から起こるものではなく、生まれつきの先天的な脳の機能障害だ。

「自閉症の方の多くが持っているといわれる困り感」には次のようなものがある。

・コミュニケーション能力の欠如、相手の言葉をオウム返ししてしまう。会話のキャッチボールが苦手で、人の気持ちを理解できない。場の雰囲気を察し、ＴＰＯに応じた行動をとれない。
・想像力の欠如、ごっこ遊びなどの想像力を必要とする遊びが苦手。他のことが全く気にならなくなるほど、何かに過集中して没頭してしまう。
・生真面目、柔軟性に欠ける。予定が急に変更されると対応できなくなる。
・目を合わせて話すことが得意ではない。
・他人が気付かない小さな物音に気付く。また、ある一定の音だけが強く聞こえてしまう特殊な聞こえ方、長そでのシャツが刺すように痛く感じるなどの特殊な感覚を持つ。
・同じ動作を繰り返す常同行動、いつもと同じルーティンを繰り返す常同性、こだわりが強い。

一般の方々にとっては、「自閉症」という言葉は知っていても、その特性については、身近な情報とはいえない。一般常識から考えると先の事例の青年の行動は、児童の性器に触るわいせつ行為とみなされ有罪となっていただろう。しかし、自閉症の方の特性を知っていれば、青年の行動がわいせつ目的でなかったことも理解できるかと思う。コミュニケーションがうまくいかない障害がゆえに、誤解によって事件化されかねないこともある。

例えば、警察で調書をとられるときに、質問に対して自閉症者特有の「オウム返し」の返答をすることで、「自白した調書」ができ上ってしまうとの怖さも挙げられる。このような場合は、弁護士や専門家に介入してもらわなければ解決できない。

ＡＢＡによる寄り添う療育

自閉症は、生まれつきの脳の機能障害で、愛情不足から自閉症になってしまうわけではない。しかし、周りと同じように振る舞うことができずに失敗ばかりで、いつも怒られて注意されていると自己肯定感が低く育ってしまう。そんなふうに育てるのか、上手に褒めて励まして、できることを少しずつ増やしながら苦手やハンデキャップを感じさせないで育てていくのか、どのように関わりどう育てていくかによって、子どもの５年後・10年後の姿は大きく違ってくる。

ＡＢＡによる療育で大切なことは、相手を変えるのではなく、まずは、「自分自身の心のありようを変えていく」ことだと感じる。相手の足りないところを指摘し自分の思うように修正していくのではなく、相手のよいところと付き合うことだ。相手の苦手なこと、できないことを理解したうえで、それ以外のよいところだけにスポットライトを当て少しずつ伸ばしていくことで自然と苦手なことや問題なところが減っていく。

療育だけでなく、周囲との対人関係でも同じことがいえる。

例えば、自分の言動に対して否定的な意見を持つ反対の立場の人と付き合わなくてはならないときもあるかと思う。そのようなときも同様に、こちらの想いと相いれない考え方に注目してそこを理詰めで正そうとするのではなく、相手のよいところにスポットライトを当てる。もしも心ない言葉をかけられ不適切な対応をされたと思っても、そこには注目しないでそれ以外の相手の素晴らしいところだけに注目して、相手にその素晴らしさと感謝を伝えていると自然と心が開いていき、お互いに歩み寄り良好な関係を築くことができる。

療育カウンセリング

私のクライエントは自閉症のお子さんを養育するご家族である。私はＡＢＡセラピストとしてお母様・お父様への気持ちの向け方について日々悩む。そして、私が感じること・私からみえることを伝えすぎないように意識している。「伝えすぎて傷つけていないか」と省みると心配になり、後悔することもある。正論を言葉で伝えることは時に相手を傷つけてしまう。

しかし、クライアントは傷つけられても、それを私には伝えられないと思う。そのため、言葉で伝えるのではなく、温かい気持ち・寄り添う心を感じてもらえるように心掛けている。

みえる場所によって形を変える月の満ち欠け。満月や三日月、あるはずなのにみえない新月、皆既月食……月は、同じ月なのに全く違う様相を帯びる。障害のある子の育児は至難の業で、クライアントは将来の不安に押しつぶされそうになり、使ってはいけない悲しい言葉を口にされることもある。そのような時でも、いまはどの月なのだろうかと思いながら、つらく悲しい気持ちに寄り添えるようになりたいと思う。

傷ついて、どうしてもポジティブな気持ちになれない日も、弱音も吐きたくなる日もある。でも、月明かりのない暗い新月も、時がたてば、優しい月明かりの満月に転じ、悲しくつらい日の後には優しい笑顔の日が訪れる。

お子さんの小さな変化に出会えること、お子さんの成長をともに喜び、成長の軌跡を分かち合えることがなによりも幸せだと感じる。お子さんのかけがえのない「いま」に寄り添い、皆さまのこれからのきらきらした日々に寄り添いながら、出会えたことに感謝して一緒に歩んでいきたいと思う。

---

7 リーガルネゴシエーションと閾下知覚（サブリミナル効果）

裁判官は忙しい。弁護士も忙しい。だから、当方が提出した主張書面は、一読された後は記録に綴じられてしまって、それで終わり。

いいたいことの半分も伝わっていないのだとしたら、刺激としての主張は刺激域（刺激を半数の確率で検出できる領域）に満たない刺激といえる。それなら、読み手の無意識に働きかけるしかない。

アメリカの映画館で、ポップコーンとコーラのＣＭを閾下知覚のレベルで流して売上げを伸ばした話は有名だが、主張書面についても同じことがいえる。主張を理解してほしければ、同内容の主張を、観点を若干変えて、何度も書面で提出することが有効である。

例えば、書面の表題を変えれば、同じ内容の主張を少なくとも４回繰り返すことができる。

まずは準備書面。そして陳述書。さらに証拠説明書。そして争点整理表。したがって、証拠説明書は、単なる証拠の説明にとどまる書面ではなく、主張書面として位置付けるべきである。争点整理表は、医療事件などの複雑な事件で用いることが多いが、事案の簡単な事件であればなおさら主張を正確に伝えるために役立つことはいうまでもない。

「裁判官が記録を読んでいない」「裁判官は事案を理解していない」と嘆く前に、果たして自分は記録を読ませる努力をしているのか、事案を理解させる努力をしているのか、謙虚に反省すべきである。

閾下刺激はボディブローのように無意識に打ち続け、サブリミナル効果を発揮することになるのである。

つぶやき

書面の最終的な目標は、裁判官の説得にある。裁判官に共感を覚えてもらうためには、情緒的な表現も有益だが、感情が適切にコントロールされていない書面は、裁判官に不快感を抱かせ、読む気を失わしめるので、説得どころではない。

証拠は、客観性が高まれば高まるほど、証拠価値が高まる。主観的な証拠に客観性を付与する方法としては、「言葉」を「数字・図表・画像」に置き換える作業が有効である。ワードで書かれた文章をエクセルの表に置き直すだけでも、いくぶん客観性が付与され、証拠価値が高まるように思われる。

8 交渉相手の心境

敵の弁護士の法律事務所に呼ばれた相手方は、どんな心境だろうか。

どんな弁護士だろう。うまく言いくるめられてしまうのではないか。恫喝されるかもしれない。

そんなことをつらつら考えながら、事務所まで、重い足を運んできたに違いない。

だから、交渉の最初の一言、それは、交渉相手のこのような心境に配慮した、安心感を与える言葉でなければならない。例えば、次のように切り出す。

「お忙しいところ、事務所までお越しくださってありがとうございました。

まだ雨はだいぶ降っていましたか？遠くて、足元も悪いところ、本当に申し訳ございませんでしたね。

さて、このたびは、この事件が起きたことで、大変な思いをされておられることだと思います。私がお二人の間に入ることで、この事件が一刻も早く解決すればよいと思います。最終的には、ご自身のご決断で、相互に歩み寄って、合意に至っていただければと思います。

ただ、その合意に至るには、様々な法律知識が必要ですから、その知識についてご説明申し上げたり、あるいは、もし合意に至らなかった場合には、今後、どの程度の費用がかかるのか、どの程度の時間が事件解決までかかるのかなどについては、専門家である私がアドバイス差し上げることはできると思います。

私が今日差し上げたアドバイスについては、それが適切かどうかについて、もし疑問などがおありでしたら、私に遠慮なくご質問いただいても構いませんし、また、他の法律相談においでになって、他の弁護士の意見などをお聴きになるのもよろしいかと思います。場合によっては、その弁護士をあなたの代理人としてお立てになるのもよいかと思います。

それではさっそくお話をさせていただきたいと思いますが、まずはあなたのお考えをお聴かせ願えますでしょうか？」。

9 交渉と駆け引き

交渉を駆け引きと勘違いしている人が、いるようだ。

確かに、交渉に駆け引きはつきものである。

しかし、交渉は駆け引きとは、同じものではない。駆け引きが交渉を成功させる鍵を握っているわけでもない。所詮、駆け引きは駆け引きにすぎない。

交渉を成功させる鍵は、正義、公平、原理原則（法の趣旨）、良心である。こちらの主張する結論が、正義、公平、原理原則にかなうものであって、人の良心を動かすものであれば、交渉相手の良心も動かされるのである。

ただ、人は、理想だけでは生きていけない。理想と現実のギャップを埋めるため、若干の修正がほどこされる。

ここに、駆け引きが行われる余地がある。

駆け引きに溺れると、紛争の本質を見失ってしまう。交渉が、原理・原則からスタートしなければ、弁護士による交渉も、バナナの叩き売りと変わらなくなってしまう。

10 運動論について

自閉症の息子が旅行中、観光バスに轢かれ、重篤な障害を負った。

裁判では、息子の自閉症をどの程度の既存障害とみるかが争点となり、激しく争われた。

双方の主張・立証が尽くされ、いよいよ裁判所から和解案が提示された。その和解案はこれまでの両親の主張・立証にほぼ沿う内容だった。

観光会社はこの和解案を拒絶し、次回さらに反論を展開する旨述べた。

母親は打ちのめされ、悲嘆にくれた。いつまでこのたたかいが続くのか、もう母親に力は残っていなかった。

そんな母親の姿に、父親は耐えきれなくなったのだろう。「観光会社に対して裁判外で何らかの圧力をかけることも有効ではないか」と質問してきた。

私は次のように回答した。

「メール拝見致しました。

お父様のお気持ちは痛いほどよくわかります。そのような思いを観光会社にも認識していただきたいと思う気持ちは私も同じです。

そして、運動論や政治的な働きかけによって裁判の結果に影響を与える手法は、よく採られているところです。ハンスト、ビラ配り、署名集め、国会議員に対するロビー活動、座り込みなどの手法です。

これらの手法の効果がどれほどかについては、検証されていないのでよくわかりませんが、私は、個人的には、これらの手法を用いるべきではないと考えております。

政治的な圧力をかけることによって結論を導くのではなく、現実に起こった事実の持つ重みそのものから結論は導かれるべきと考えているからです。正義、公平、原理原則、良心、この４つの力によって結論は導かれるべきと考えているからです。

この４つの力から結論がピュアに導かれるのでなければ、たとえ有利な結論を得たとしても、爽やかにその結論を受け入れられないのではないか、政治的な力で押さえつけて得た結論では、かえって気持ちのうえではモヤモヤした部分が残ってしまうのではないか、事実の重みや裁判の純粋性、峻厳性がかえって減殺されてしまうのではないかと思うのです。

正義が貫かれ、公平が実現され、原理原則どおりの結論に至った、心底そのように感じられるのは、政治的圧力を排除して得られた結論に対してではないかと思うのです」。

私の回答で父親は落ち着きを取り戻した。ほどなく観光会社から、裁判所からの和解案を受け入れるとの連絡が入った。

11 リーガルネゴシエーションと真実性

交渉術がブームである。

書店では、交渉に関する本が平積みされている。アメリカの大学で一番人気のある講座は「交渉論」である。交渉技術論ももちろん必要であろう。

しかし、技術がなくとも心があれば交渉はうまくいく。私はそう思う。

高層ビル最上階の高級レストランを予約する。ダイヤのエンゲージリングを用意する。素敵なプロポーズの言葉を考える。

これらがプロポーズを成功させるコツとして語られたりする。確かにプロポーズする場所の雰囲気やグッズなども重要な役割を演じるであろう。

しかし、所詮脇役にすぎない。

100万ドルの夜景より、誠実で朴訥な言葉の方が、はるかに人の心を打つことがある。その場限りの雰囲気で一生の伴侶を選択するような愚かな者はいまい。

交渉の要諦は、「真実性」である。

交渉相手に対する嘘や騙しがないこと。

自分自身が自己一致していること。

交渉相手の人格に対しきちんと敬意を払うこと。

交渉相手の意思を制圧したり威嚇したりするのではなく、その尊厳と自由意思を尊重すること。

交渉相手の心情に配慮し共感すること。

これらが交渉を成功させるのである。

12 即時起案と直感起案

私は、通常の準備書面や内容証明はすべて、相談中に作成している。

私はこれを「即時起案」と呼んでいる。

若い頃は、クライエントとの相談が終わってから時間を見つけて起案していた。しかし、この方法だと、どんどん起案が宿題のように溜まってしまい、大変だった。

即時起案に変えてからは、多くの起案を宿題のように抱え込まずに済むようになった。精神衛生上、大変好ましい。

何よりも、即時起案の方が、クライエントの体験した事実や感情の起伏を忠実に再現した起案が可能となる。仕事としても早いため、クライエントにはとても好評である。

ただ、即時起案に馴染まない起案も少なくない。

訴訟物をどのように設定するかに悩む訴状の起案、控訴趣意書、控訴理由書、弁論要旨、最終準備書面などのように、内容をどのように組み立てるかによって説得力が大きく違ってくる起案、これらの起案は、即時起案には向かない。これらの起案は、私は、朝一番で作成している。私はこれを「直感起案」と呼んでいる。

この直感起案は、自分で考え出した起案方法であるが、最近読んだ本（リン・A・ロビンソン・本田健訳『人生のすべてを決める鋭い「直感力」』三笠書房、2008年）に、私のこの直感起案がうまく説明されており、非常に驚いた（なお、従前私は、直感起案を「睡眠起案」と呼んでいたが、この本に出会ってからは呼び名を「直感起案」に変更した）。

要するに、直感起案は、普遍性のある起案方法であって、誰でも実行可能だということである。

以下、上記書物から引用してみよう。

> 「私は眠っている間に仕事をする。その手順はこうだ。
> まず、寝る前に問題とその答えについて考えておく。そのまま眠りに就けば、明け方、夢を見ているときがもっとも創造性が発揮される時間だ。頭の中のセンサーはリラックスした状態になっていて、その間に問題点が自然と整理されてしまう。

そして起床後、前の晩に考えていた問題についてもう一度考えてみると、数分のうちに解決してしまうから不思議なものだ。本ならば１章分の原稿、スピーチなら一時間分、はたまた新発明を完成させられるほどのアイデアが浮かぶ」。

１、問題点をまとめる。１つの質問の形に凝縮させる。
２、うとうとしながら考える。きっと答えが出るはずだと信じて、うとうとしながらも問いかけを繰り返す。
３、ゆっくり目覚める。目が覚めても、すぐに頭をはっきりさせようとしてはいけない。あわててベッドから出ない。

13 内容証明とリーガルネゴシエーション

内容証明の案文例については、巷に本があふれている。しかし、そもそも内容証明はどのような場合に用いるのかとか、内容証明の基本的構成要素などについて書かれた本は少ないように思われる。

私は、内容証明を出すか、訴状を出すかは、本来、オルタナティブな関係にあるのであって、「まずは内容証明」という発想は改めるべきものと考えている。理屈からいっても、「訴訟」と、「内容証明」とは、いずれもリーガルネゴシエーションの手段であって、いずれの手段を選択するかの基準は、「当該手段によって希望する効果が得られるかどうか」でなければならないはずである。

もし内容証明を送付しても「奏功しなかった」のであれば、弁護士として紛争解決の「見通しを見誤った」結果であり、恥ずべきことであると思うのである。これでは、保存療法で足りると診断したが後に外科手術が必要になり後手に回ってしまった医師と同じである。

内容証明は、「一発で仕留める」ものを書かなければならない。私は、「一発で仕留める」内容証明の基本的構成要素を次のように考えている。

第１は、共感性である。リーガルネゴシエーションの手法として最も優れた手法はリーガルカウンセリングだからである。

第２は、不利益の具体的な告知である。「法的対応をとらざるを得ません」などのお決まりの抽象的なフレーズしか書けないのでは、最悪である。弁護士であれば法的対応をとることは当然だからである。これなら素人が「弁護士に依頼します」と書く方がよっぽど効果がある。具体的にどのような法的対応をとるべく現在準備を進めているのかを書かなければ、意味がない。

第3は、利益の告知である。リーガルネゴシエーションは、交渉の相手方が「提案に応じれば利益を得られる」と感じたときに成功するからである。不利益が具体的であれば、そのような不利益が生じないこと自体が利益になる。

第2と第3は裏腹の関係にあることも多い。ただ、何か別に独立の利益が提案できれば、それだけ「一発で仕留める」可能性も高まるであろう。

14 訴状について

(1) 訴状の作成

訴状はどのように書けばよいのか。

今日、訴状の書式は多くの書物に掲載されているし、インターネットで検索すれば簡単に訴状の書式を手に入れることもできる。

では、これら書式に沿って書きさえすれば、それでもって「訴状が書けた」ということになるのであろうか。

そうではなかろう。

そもそも訴状は、文書によるリーガルネゴシエーションの手段である。交渉相手は裁判所である。そのため、訴状は、裁判所と書面を通じて交渉し、裁判所を説得できるだけの内容を備えていなければならない。

たとえ形式だけ整えたとしても、内容がなければ、訴状の本来的な目的を達することはできない。

では、交渉力を具備した「内容ある訴状」たり得るには、どのような条件を備える必要があるのか。

いきなり訴状を書き始めてはいけない。訴状の作成にとりかかる前に、当事者からの十分な聴き取り、客観的な証拠の収集、供述との整合性の確認、現場の調査、関係者へのインタビュー、相手方の調査、文献・判例の検討、専門家からの意見聴取など、まずは準備作業をしっかりやること。

これを料理に喩えるならば、まずは食材の確保が必要だということである。食材は、新鮮で活きのよいものが望ましい。よい食材を得るためには、頭よりもむしろ足を使う。

作成準備が済めば、争点設定作業に移る。訴状でどのような争点を設定するかは、原告の専権である。

争点は、勝てる争点だけを慎重に厳選して設定すべきである。何でもかんでも争点として取り上げるような訴状も散見されるが、よろしくない。主張として弱いところまで争点として設定してしまうと、被告はここぞとばかり、その弱い争点を主戦場としてたたかってくる。挙げ句は、その争点が足を引っ張って、原告は全体として攻めあぐね、全体として主張の説得力が落ちてしまうことになる。

これを料理に喩えるならば、食材を活かすレシピを入念に練るということである。食材を多く使えば美味しい料理ができるというわけではない。とりわけ活きのよい食材に絞り込んで、その食材を使った料理のレシピを作成するのである。

作成準備と争点設定ができれば、いよいよ訴状を実際に組み立てる作業に移る。いかに食材がよく、レシピが十分に練られていても、実際の調理が下手であればどうにもならない。まさにリーガルネゴシエーターとしての腕が問われる場面である。

訴状がうまく組み立てられていれば、裁判所はスムーズに訴状の論理の流れに乗ってくれる。

訴状の組み立て作業は、喩えるなら、家を買ってもらうために、モデルハウスを組み立てる作業に似ている。モデルハウスは、家を買ってもらうために組み立てられたものである。家を買ってもらうという目的のために、モデルハウスには様々な工夫が凝らされている。

家の特徴（ポリシー、思想・哲学）、雰囲気（エレガント、シャープ、居心地のよさ）、機能（使いやすさ）、構造（耐震性、防火性、防音性）、安全性（防犯性）などを、モデルハウスを訪れた客が十分に体験して理解できるように工夫が凝らされている。

訴状も同じく、特徴（ポリシー、思想・哲学）、雰囲気（上品、明晰、読みやすさ）、機能（判決での書きやすさ）、構造（判例文献に立脚したグラグラしない論理性、他の事案に不当な影響を及ぼさない独自性・遮断性）、安全性（被告から上訴されにくい）などを裁判官が十分に体感できるように工夫を凝らさなければならない。

つぶやき

ある司法研修所教官曰く「これまで君たちが解いてきた問題はすべて正解のある問題だろう。でも実務は違う。実務は正解のない世界なんだよ。だから自分の考える答えが正解であると説得する仕事が、これからの君たちの仕事なんだよ」。

ある刑事裁判官曰く「絶対に通らない主張をあえてする弁護人がいるが、あれだけは絶対にやめた方がよい。裁判員は呆れかえっている。法律専門家弁護士である弁護人に対する信頼は大きく崩れ、被告人にも悪い影響がある」。

ある弁護士曰く「もし権利を擁護するために何かが必要ならば、古い判例がノーといっているからなすべきことがないなどということを弁護士として受け入れるわけにはいかない。救済方法を見いだすことが弁護士の任務であり、『そんなことは不可能だ』『もうやり終えた』などというべきではない」（アーサー・キノイ著・菅野昭夫訳『試練に立つ権利』226頁、日本評論社、1991年）。

（2）訴状の中で一番重要な部分

ロースクールの学生に冬休みの宿題として、訴状の起案をさせた。

各々、自由に事案を考え、自由に起案してよいということにした。

その結果、労働事件、いじめ事件、婚約破棄事件、交通事故、建築紛争、未払賃料請求、建物明渡請求など、多種多様な起案が集まった。それぞれがそれなりに書けていた。

しかし、読み進むにつれ、大きな問題があることに気付いた。

請求金額の検討が、総じて、不十分なのである。請求金額は、訴状の中で一番重要な部分だと思う。請求金額を根拠付けるためにこそ、訴状の他の部分の記述は存在する。訴状は、請求金額の正当性、合理性を論拠付けるために書かれるものだからである。

請求原因がいかに論理的・説得的に書かれていたとしても、肝心の請求金額にそれが反映しないのであれば、その法律構成にどれほどの意味があるのだろうか。より請求金額を上積みできる法律構成が可能ではないかという検討こそ、依頼者が弁護士に期待していることであって、ここがまさに弁護士としての腕の見せどころなのではないだろうか。法的な議論に溺れてしまって請求金額の検討がおろそかになってしまうというのでは、とてもプロの仕事とはいえない。

できる限り多額の金額を請求すること、そして、現実にその請求金額に近い金額を獲得すること、この点について、とことんこだわること。「お金の問題ではないんです」という言葉は、依頼者はいってもよい。だが、弁護士がいうべき言葉ではない。

弁護士自身は、自らの仕事の良否については、まずもって、獲得金額の多寡という客観的尺度によってこそ判断すべきだと思う。

15 陳述書とリーガルネゴシエーション

裁判で出す書面として、リーガルネゴシエーションの手段として最も優れているものは、陳述書である。陳述書は、証拠である。よって、主張よりもはるかに価値がある。

陳述書は、書き手の体験が綴られたものである。そのため、具体的かつ平易であって、弁護士の書いた書面よりも読みやすいし、理解しやすい。

陳述書は時系列で書かれている。そのため、紛争がどのようにして起こってきたのか、その歴史的背景を理解することができる。

陳述書には事実と同時に、その事実によって書き手がどのような感情を抱いたかについても書かれている。そのため、紛争の実体が理解しやすい。

陳述書は、証人尋問の直前に出されるのが一般である。

だが、私は、努めて訴状と同時に出すようにしている。それも、事実経過について感情も絡めて相当に詳しく述べたものを出すように心掛けている。

その理由は、当方が認識している紛争の実体を、なるべく早い段階で裁判官に具体的に提示し、心証を形成してもらうためである。一度心証が形成されてしまうと、人は、その心証に整合するように新しい情報を得るものだからである。

裁判官が当方と同じ事実認識に立つと、以後、当方のペースで訴訟を進めることが可能となる。

どうせパンチをかますなら、最初の一発で相手をマットに沈めるぐらいの勢いがよい。さもなければ、殴られた相手は、その都度たたかい方を学んで、どんどん強くなってしまう。

16 反対尋問とリーガルカウンセリング

反対尋問の具体的手法については、多くの優れた著作があるので、具体的手法については、ここでは論じない。

私が強調したいのは、反対尋問の姿勢としては「リーガルカウンセリング」が必要であり、有効であるということである。

一般的な教科書には、反対尋問の際の注意事項として、「敵性証人に対しては敵意を持って尋問するのは最悪である。あたかも味方に対してする尋問のように、尊敬を持って、決して尋問口調ではなく、親しみを込めて尋問するように」と書かれていることが多い。

ここで、危険なのは、このような注意事項が、単なるノウハウとして一人歩きしてしまうことである。

ロジャースは、カウンセリングの必要条件として「真実性（自己一致）」を挙げているが、リーガルカウンセリングにおいても「真実性（自己一致）」は必要条件である。そして、リーガルカウンセリングの応用場面である証人尋問においても「真実性（自己一致）」は必要条件である。

敵性証人は、尋問者の尋問が自己一致したものであるかを見抜くであろう。うわべの共感性を示しただけで敵性証人から有益な証言が得られるほど現実は甘くはない。このことは、一度でも反対尋問をしたことのある者であれば誰でも知っている。

敵性証人として法廷に立たされている者が感じている、緊張感、憤り、嘆き、自尊心、不安。その心にそっと寄り添い、その心が壊れないように最新の注意を払いながら、その心にそっと触れていく。そのような姿勢で尋問はなされなければならないのである。教科書のいう「尊敬を持って」とか「親しみを込めて」という言葉が演技にとどまるのであれば、たとえどれほど反対尋問のノウハウを身につけたとしても、敵性証人の心を開くことはできないのである。

つぶやき

法廷のマナー：勝っているときは、浮かれず、品のある平穏な態度を保ちなさい。負けているときにも、腐らず、品のある平穏な態度を保ちなさい。

17 反対尋問の具体例

突然自宅まで来られ息子の借金の保証人になるように頼まれた父親が保証書を作成した。

そこで保証書を作成した際の債務負担意思の有無が問題となるが、主尋問に対して、父親は、「帰ってもらうために保証書をつくっただけで、保証する意思は毛頭なかった」と答えている。

弁　護　士　父　　親

お父さんは、今日は遠方からいらっしゃったのですね。だいぶお疲れのご様子ですね。
あと少しだけ私からお尋ねしますね。あまりお時間はとらせません。
もう少しで終わりますから我慢してくださいね。

> 父親の警戒心を解くことが、父親に真実を語ってもらうためには最も重要である。
>
> 遠方からわざわざ尋問のために上京した父親に対し、まずは労いの言葉をかけている。そして、父親にとっては苦痛の時間にすぎないこの尋問の時間が、もう少しの辛抱で終わることを告げ、父親を安心させている。

はい。

突然、自宅まで来られて「保証人になってくれ！」などと言われて。お父さんとしては、さぞかし驚かれたことでしょうね。

> 共感を示している。

そりゃあもう。

息子さんに対し、さぞかしご立腹なさったのでしょ。

> 共感を示している。

はい。「もういい加減にしろ!!」という気持ちでした。

今回だけではなかったのでますます腹立たしかったということですか。

> 今回だけだったのかどうかについては事前に情報を得ていなかったが、父親からの借財は今回に限ったことではないだろうと想像し、尋問してみたところ、案の定、前にも父親から借財していたことがわかった。
>
> このように具体的場面を想像して訊くことは、大変効果的である。

はい。前にも、借金を肩代わりしたことがあるんで……。

自宅からやっと帰ってもらえたあと、「さあて、どうやってお金をつくろうか」と悩まれたことでしょうね。

> いよいよ債務負担の意思の確認を行うが、そのまま訊いてはいけない。
> 父親が悩んだかどうかの情報は、事前に得られていないが、おそらく父親は悩んだであろうと具体的場面を想像し、その父親の悩みに共感を示しながら債務負担の意思があったことを確認していく。
>
> 父親の心境について共感していく過程で、おのずと債務負担意思が明らかになっていく。

はい。自分の貯金はそんなにないので、いったいどうしたもんかと……。

> 債務負担意思があった旨の供述を獲得している。

ご親戚にお電話して、貸してくれないかとお願いなさったんでしょ。

> 親戚に電話して貸してくれとお願いしたとの情報も、もちろん事前には得ていないが、おそらくそのような出来事があったのではないかと具体的場面を想像し尋問してみたところ、案の定、そうだった。
>
> 尋問では、具体的場面の想像力が必要とされる。それこそがすなわち共感能力である。

はい。

それで、ご親戚は、お金を貸してくださったのですか。

いいえ。貸してはもらえませんでした。

あなたとしては、一生懸命努力なさったんですね。

> 共感を示し、債務負担意思があったことを再度確認している。

はい。精一杯がんばりました。
なんせ親戚中に電話しましたから……。

> 債務負担意思があったことが確認できた。

その日は眠れましたか。

> 眠れたかどうかについての情報は事前に得ていないが、具体的場面を想像して尋問している。
> 債務負担意思があったことを再度確認している。

心配で心配で、眠れなかったです。

> 債務負担意思があったことが確認できた。

18 裁判員裁判での弁論

法曹三者による裁判員裁判の模擬裁判に主任弁護人として参加し、弁論を述べる機会に恵まれた。裁判員に対するリーガルネゴシエーションにおいても、要諦は異ならない。スタートラインは、裁判員の心情に対する共感に置かなければならない。

私は、次のように弁論を始めた。

弁　護　人

最初に、この事件の特徴について、少しお話ししたいと思います。

この事件の最大の特徴は、証拠がとても少ないということです。めぼしい証拠といえば、Aさんの言い分と、Bさんの言い分、そのくらいしかありません。

Bさんの話を聞く。すると、Bさんの言い分が正しいように思えてくる。

Aさんの話を聞く。すると今度は、Aさんの話が本当に思えてくる。

このように、真っ向から対立する2つの言い分がある。私たちは、そのどちらを信じればいいのでしょうか。

主語を「あなた方」ではなく「私たち」とするだけで共感の姿勢を表すことができる。

少ない証拠で事実を認定するのは、難しいことです。そんな中でも、皆さんは、事実を認定するという重い責任をきちんと果たしたい、正しい事実認定をしたい、そのようなお気持ちでいっぱいのことでしょう。そのようなお気持ちが強ければ強いほど、本件の事実認定の悩みも深いことでしょう。

裁判員が重責を感じ、事実認定について困難さを感じていることについて、共感を示している。

証拠が少なく、事実の認定が難しい状況に置かれると、Ａさんの前科が気になります。Ａさんの言い分は正しいように思う。でも、Ａさんには前科がたくさんある。前科のある人のいうことを信用してもよいのだろうか。

このようなお気持ちをお持ちになった方も、もしかしたらおられるかもしれません。

事実認定を誤らせる要因について触れ、「〇〇すべきではない」という言い方をするのではなく、その要因に引きずられそうになる心情にも共感を示し、裁判員の自己決定を支援している。

あるいは、たとえＡさんに前科がたくさんあっても、前科は前科であり、今回の事件の話とは違う。今回の事件で何があったのかは、今回の事件の証拠に基づいて認定しなければならない。

このように、お考えになった方もおられることでしょう。

裁判員に対し、どのような考え方が正しいのかについて、「〇〇すべき」という言い方をするのではなく、裁判員の自己決定を支援している。

このように、今皆さんの心中は、いろいろな考えや気持ちでいっぱいになっていることでしょう。では、このようないろいろな考えや気持ちをどのように整理していけばよいのでしょうか。

＊　＊　＊

評決では５対４で有罪となったが、裁判員６名のうちの４名が無罪の判断を下した。

裁判員の悩みに共感し、そして彼らの責任感に信頼を置けば、彼らは勇気付けられ、素晴らしい判断を下すのである。

実践編

リーガルカウンセリングのスキルは、
すべてその実践と経験によって、おのずと増し強まる。

第４章　リーガルカウンセリング・リーガルネゴシエーションの技法

第１節　共感

技法の第１は「共感」である。共感は、クライエントが「共感してもらっている」と感じて初めて意味がある。たとえリーガルカウンセラーが心の内で共感しているとしても、それがクライエントに伝わらなければ意味がない。このように「共感」は内心の表出を伴う技法であるため、表出の技法をしっかり習得することが必要となる。

Case 1 A

カウンセラー　クライエント

こんにちは。よろしくお願いします。

お金を貸してしまったんです。

お金を……

返してもらえないんですよ……

返してもらえない……
それは大変ですねぇ
どなたに貸したのですか？

兄弟に貸したんですけど、

はい。

それぞれもう別々に独立して、生活しているんですけれど、

「オウム返し」ができている。
「オウム返し」は、有効なカウンセリング技法である。

「感情の反映」ができている。
クライエントには「お金を返してもらえなくて大変だ」との感情があるので、それを言葉にして返す。
「感情の反映」は有効な共感の技法である。

NG！「質問」をしているが、質問するにはまだ早い。
「質問」は、十分に聴いてからする。
こちらから「誰に貸したのか」との質問を投げかけなくても、クライエントは適切な時期にその情報をリーガルカウンセラーに伝える。

「相槌」を打っている。
「相槌」のレパートリーが「はい」の１種類しかないというのではなく、できるだけ多くの種類の「相槌」を打てるように練習しておいて会話の流れに応じ、それぞれの相槌を適切に使い分けることが「共感」につながる。
ここでの「相槌」としては「そうなんですね」もよいかもしれない。

はい。

> NG！「相槌」を打っているが、「それぞれ別にお住まいなんですね」と「要約」で返すのもよい。
> 「要約」は有効な共感の技法である。

うちの主人は長男でして、次女が母を引き取ってるんですけれど、

> NG！ここでクライエントのいう「兄弟」とは、「クライエントの兄弟」ではなく、「クライエントの夫の兄弟」なのではないかとの疑問が出てくるので、軽く「確認」しておくのがよい。
> 「あ、そうすると、ご主人が妹さんに貸したということですね。」

はい。

次女に1,000万円くらいお金を貸してしまっているんですね。

> NG！わざわざ確認するまでもない。クライエントは「うちの主人は長男」と既に説明している。

あなたは長男の奥様なんですね。

はい。

> NG！「質問」をしているが、質問するにはまだ早い。
> 「質問」は、十分に聴いてからする。
> こちらから「どんな経緯で貸したのか」との質問を投げかけなくても、クライエントは適切な時期にその情報をリーガルカウンセラーに伝える。

で、どんな経緯で貸しちゃったんですか？

Case 1 B

カウンセラー　クライエント

こんにちは。よろしくお願いします。お金を貸してしまったんです。

あらっ。お金を……

> 「相槌」としての「あらっ」はよい。
> 「オウム返し」の「お金を……」も悪くない。

返してもらえないんですよ……

ありゃりゃりゃりゃ !!

> NG！「ありゃりゃりゃりゃ！！」は、少しオーバーアクション気味な相槌である。インテーク面接の場合などには、もう少し控えめな「相槌」の方が好ましいだろう。クライエントとの親密性の度合いも「相槌」を打つ際には考慮する必要がある。

お金返ってこないの!?

えーっ！そりゃあ大変だねぇ

それでそれで？

> NG！「オウム返し」ができているが、言葉遣いが馴れ馴れしい。クライエントに親しみを感じてもらおうとしてわざと馴れ馴れしい言葉遣いをしているのだろうが、横柄だと受け取られることも多い。

1,000万円くらい貸したんですけど、

へえー！ 1,000万!!

「相槌」としては、悪くない。少しオーバーアクションではある。

全くいっぱい貸すお金があったもんだねぇ、何？
貯金で持ってたの？

NG！共感を示すつもりでいったのだろうが、不快感を抱かれかねない。言葉遣いも馴れ馴れしく横柄だと受け取られかねない。

貯金で……

あらららら一……

「相槌」としては、声の大きさやトーンに気を付ければ、悪くはない。

誰に貸したの？

NG！「質問」をしているが、質問するにはまだ早い。

うちの主人は長男なんですけど、
２人妹がいて、その次女の方に……

２人いて次女の方に……

「オウム返し」ができている。

貸しちゃったんです。

あらーーー!!……

「相槌」としては、声の大きさやトーンに気を付ければ、悪くはない。

1,000万円……へーーー……
返って来そうなの？

NG！「質問」をしているが、質問するにはまだ早い。
また返ってくるかどうかの見通しを述べるのは弁護士がなすべき仕事であって、クライエントに訊くべきことではない。

ちょっと難しい。

難しい？へーー……そうなんだ……大変だねぇ
……

「感情の反映」ができている。

どうしたらいいんでしょう？

どうしたらいいも、こうしたらいいも……ねぇ。

NG！「オウム返し」あるいは「感情の反映」としての応答のつもりかもしれないが、クライエントに不安感を与える応答になってしまっている。

ちょっと、まあ、やれる方法を考えていかなければいけないよねぇ。

NG！ネガティブメッセージである。不適切。

Case 2 A

カウンセラー　クライエント

昨日、上野動物園に行ってきたんです。

いいですね。

「感情の反映」ができている。

レッサーパンダをみてきたんですけど……

ああ、いま話題の……

私は関西人なんですけど、あの、東京に来て、パンダがみれるということで、上野動物園に行ったんですね。

パンダはみれました？

NG！「質問」が早過ぎる。クライエントがパンダについて話題にしたいかどうかは、この時点ではまだわからない。もしかしたら、クライエントは、上野動物園に行く途中で友達に会ったことを話題にしたかったのかもしれない。にもかかわらず、パンダについて質問してしまうと、クライエントが話題にしたかった話題から逸れてしまう。

みれましたけど、なんか話題だったので、ものすごく混んでて、パンダの前は列が動かないんですよ。

うーん、そうですよね。

でも、隣のレッサーパンダも人気があるんですけれども、よくみれたんですよ。

はい。

NG！「相槌」が「はい」だと、話が弾まなくなる。

それで、昔東京に来たときに、ランランとカンカンというパンダがいたんですけれど、もう、そのパンダはいなくなっちゃったみたいで……

あ、そうなんですか。

NG！「オウム返し」が不十分で、話が弾まなくなる。

パンダの系図とかも横に載ってたんですけど……

ふーん。

> NG！「相槌」が「興味がない」というメッセージになってしまっている。

Case 2 B

カウンセラー　クライエント

昨日、上野動物園に行ってきたんです。

あー！行ったんだ！それは嬉しかったですね。

> 「感情の反映」がしっかりなされている。

そうなんですよ！
レッサーパンダがみれたんですけど……

> 十分に感情が反映されたので、会話が弾んでいる。

レッサーパンダ？珍しい物が好きなんですねえ。

> 新しい話題にも興味を示せている。

あ、でもいま、レッサーパンダってテレビで話題なんですよ。

あ、ホントに？
私、レッサーパンダに顔が似てるっていわれたことがあるんですけど……仇名がレッサーパンダだったこともあるんです。

> 「自己開示」がなされている。クライエントの話題に応答する形で短く自己開示することにより、クライエントとの心の距離が縮められている。

あーそうなんですか（大笑い）。
それで、レッサーパンダがテレビによく映っているので、それと、パンダもみれるということで、動物園に行ったんです。

> 自己開示によりクライエントとカウンセラーの心の距離が縮まったことがうかがえる。

行ったのね。

私、大阪出身なんですけど、昔、ちっちゃい頃に、東京にパンダがいるというんで、おじいちゃんに連れてきてもらったことがあるんですけど……

ああ、ホントに、へー。

単純な「相槌」でも、「ああ」「ホントに」「へー」と３つ重ねれば、しっかりとした「相槌」になり得る。

その時代は、パンダはランランとかカンカンとか……

ランランとカンカンね。有名でしたね。

「オウム返し」に一言添えれば、なおしっかりとした「オウム返し」になる。

（嬉しそうに）はい。

しっかりとした「相槌」や「オウム返し」により、会話が弾んでいる様子がうかがえる。

ランランとカンカンはみたんですか？

はい、見ました。

感動的だったんですね。

「感情の反映」ができている。

感動しました。生まれて初めてパンダをみたんで……

パンダだー！みたいな感じ？

「感情の反映」として、「感動的だった」という先ほどの説明的な形での「感情の反映」に加え、エモーションを言語化した形での「感情の反映」を試みている。

そうです。パンダだー！みたいな感じで（笑い）……

エモーションを言語化した「感情の反映」が奏効し、さらに会話が弾んでいることがうかがえる。

でも、昨日はランランとカンカンはもういなくて……パンダの系図みたいなものがあったんですけど……

あ、系図があった？ふーん。

いまの名前は……何だったか……えーっと……

フェイフェイ？違う？ファンファン？違う？

名前を思い出そうとしているクライエントと一緒に名前を探っており、クライエントに寄り添っている。

（大笑い）

カウンセラーのリアクションを喜んでいる様子がうかがえる。

ごめんなさいね、いい加減なことといって……。

（大笑いしながら）いやー、そんな感じですよね。
なぜパンダってそういうふうに、名前がトントンとか……

ホントですね。なんででしょうね。

それでパンダはすごい人で列が動かないんですよ……
一応並んでいるんですけれど、斜めからしかパンダはみえなくて、パンダの隣がレッサーパンダなので、ずっとレッサーパンダの前だったんですよ。
斜めから笹を食べてるパンダをみて、横になって動かなくなったので、諦めて……

あ、そうか……じゃ、ちょっと不満が残ったという感じ？

クライエントの感情を決めつけず、探りながら「感情の反映」を行っている。

でもレッサーパンダがずっとみれたんで……

まあ、パンダがダメならレッサーパンダでもいいか、って感じ？

クライエントの感情を決めつけず、探りながら「感情の反映」を行っている。

（笑い）、えへへっ……でも大きく違いますよね。

違いますよね！大きさも違うしね！

クライエントの感情を読み違えてしまったので、すぐにクライエントに共感しフォローしている。

第2節　回避

技法の第2は「回避」である。残念なことではあるがクライエントの中にはリーガルカウンセラーを自己の違法不当な利益の実現のために利用しようとする輩がいる。リーガルカウンセラーが「共感」ばかり意識していると足をすくわれる結果になるため、「回避」の技法についてもしっかり習得しておくことが必要となる。

Case 1 A

カウンセラー　クライエント

こんにちは。

こんにちは。今日はどのようなご相談ですか？

はい。私は、息子もいるんですけど、主人が亡くなってから1人で働いてやってきたんです。
仕事は介護ヘルパーなんです。民間で新宿に会社があって、登録しているんですよ、そして、夜だけ派遣されているんです。それで、2年くらい前に、あるお婆さん、いま98歳なんですけど、その人の所に行くことになったんですよ。

98歳!?

98歳なんですよ、頭ははっきりしている人なんですが……
で、まあずっとやってきたんですけど、「養女になってくれ」っていわれて、私は「嫌だ」ってお断りしたんです。
それでも、どうしても「養女になってくれ」っていうので、養女になったんです。

でもね、その人、いうことがコロコロ変わるんですよ。
前にもなんか、別の人が養女になったらしいんです。そして、公正証書遺言もつくったらしいんですよ。それで、私がヘルパーに行ったときには、お婆さんはそのことでとっても怒っていて、「自分は養女にしたつもりもないし、公正証書もでたらめで勝手につくられた」といっていたんです。なので、私が公証人役場に掛け合って、養女の件も、公正証書の件も白紙になったんです。

その後で、「養女になってくれ」っていわれて、私も「嫌だ嫌だ」といって断ったんですけど、結局仕方なく養女になったんです。それで、いま、新宿の会社でヘルパーで行ってるでしょ？それでね、ヘルパーに行きながら養女だというのだとね……どうなのかなぁと思っていてね。ヘルパーではお金をもらっているでしょ。これ、ヘルパーの仕事を辞めた方がいいのかしら。どうかしらね？

ヘルパーに行ったのは２年くらい前ですね。

クライエントの「ヘルパーの仕事を辞めた方がいいのかしら。どうかしらね？」との質問に答えず、こちらから質問を投げかけているところはよい。

回答するには、まずは事実関係をしっかりと把握しなければならないからである。

ただ、クライエントに、「質問に答えてくれない」との不満を持たれることのないように配慮すべきである。
「ヘルパーを辞めた方がよいかどうかお尋ねになりたいということですね。わかりました。もう少し事情をお聴きしないとなんともご回答できませんので、少しこちらからご質問させていただいてもよろしいですか？」などと伝えてから質問を始める。

はい。

養女になったのは？

養女になったのは最近です。５月くらいです。頼まれて、断り切れなくて仕方なく養女になったんです。

ヘルパーなのに養女だということについて、お婆さんは何かいっているんですか？

何もいっていないですね。でも、ヘルパーなのに養女になってしまったのはどうなのかなぁと……

ヘルパーのお金をもらっているからということで……

クライエントが「どうなのかなぁ」と思う理由について「ヘルパーのお金をもらっているから」と明確化させているところはよい。

そう、お金をもらってるから……でも、ヘルパーを辞めてね、また後で白紙に戻されたら私も困るので……お婆さんは遺言は書いていないんですよ。私に「全財産をあげる」といってるんですけど、これは遺言書は書いてもらった方がいいのかしらね？

そうですよね。もしお婆さんが遺産をくださるといっているのなら……何か養女になるときに条件とかはいわれているのですか？

別に条件とかはありませんけど……ま、「ずっと面倒をみて、葬式も出してくれ」とかはいわれてますけどね。身よりもないものだから。なんだか沖縄かどこかに妹がいるような話は聞いています。
また、福岡あたりに兄がいるようなことをいっていましたかね……。

前の養女になった方の公正証書についてはもう問題はないんですよね。

前の公正証書については、私が、なかったことにしましたので、問題ないです。

でもまたお婆さんの気持ちが変わるといけないから……

クライエントは、前の養女が縁組を解消されたことから自分も同じ目に遭うのではないかと心配しているところ、このクライエントの気持ちに共感して上手に返している。

そうなんです。新宿の派遣会社を辞めても、またそういうことになってしまうと、どうかなと思うんですよ。

「共感」が奏効したことがうかがえる。

あなたが養女になったことについては、沖縄とか福岡のご兄妹はご存じなのですか？

知らないと思います。

お婆さんの遺産はたくさんあるんですか？

うーん……そうですね……10億くらいですかね……。

10億!!

そうなんですよ。

すごいですね!!

すごいんですよ。どうもなんかね、お婆さんはアメリカ人と結婚したらしいんですけど、結婚したときに、外国人と結婚するということで、いろいろいわれて、親戚とかにも酷く冷たくされたらしいんですよ。
だからいまはそういう人たちにお金がいくのが嫌で、私にあげるということなんです。
それで私は「養女になってくれ」といわれて、養女になったんです。

親戚よりは、ヘルパーでも、いま面倒をみてくれているあなたに遺産をあげたいということなんですね。

「要約」が上手にできている。

そうなんです。

「要約」が奏効したことがうかがえる。

それでは、それをきちんと形にするためには、遺言書を書いてもらって、書いてくれたら、あなたとしてもヘルパーは辞めて、お婆さんのためにいろいろとやってあげたい……。

遺言書を書くのは先生にお願いしたらやっていただけるんですか？

はい。

NG！「受任する」と伝えるには早過ぎる。

「私にお願いしたいということですね。ありがとうございます。ただ、もう少し事情をお聴きしてからでなければお受けできるかどうかわかりません。事務所で改めてお話をいろいろお聴きしたいと思います。」などと告げて、慎重を期すのがよい。

あ、そうですか。じゃあ、先生に遺言書を書いてもらって、やればいいですね。そしたらそのお金は私のものになるんですね。大丈夫なんですね。

はい。公正証書遺言をつくって……

そういう手続はお願いできるんですか？

はい。

NG！受任するには早過ぎる。

わかりました。それでは、今度は事務所にお伺いすればいいですか？

お婆さんは遺言をつくることについては何か仰っているのですか？

NG！遺言書は遺言者の意思に基づいて作成されなければならない。この一番大切な確認事項が、受任の話の後にきてしまっている。

いいえ、まあ、よいと言うと思いますけど……ちょっとわからないですけどね。あの、委任状があればいいんでしょ？公正証書遺言をつくるということでインターネットで調べたら、印鑑証明と委任状とがあればできるとか、書いてあったんです。前の方のときもそれでやったみたいなんですけどね。だから、私の方で印鑑証明と委任状を用意して、先生の所にお持ちしますので、それでいいですか？

はい。

NG！委任状は、本人と面談して面前でもらわなければならない。本人以外の者が持参した委任状では危ない。

それでは今度先生の事務所に伺いますので、よろしくお願い致します。

Case 1 B

カウンセラー　クライエント

こんにちは。

今日はどうしました。

私は介護の仕事をしていまして、お婆さんの所に行っているのですが、あるとき、「養女になっている人がいるんだけど、自分は養女にしたつもりはない」との相談を受けたので、手続を踏んで公正証書などもなしにしてあげたんです。
そうしたら、お婆さんに感謝されて、私を養女にしたいという話があり、私も、どうしたものかなと考えていたのですが、結局養女になったのです。

あなたは介護ヘルパーだったのですよね。

はい。

介護ヘルパーだったのに養女になったということですか？

「介護ヘルパーが養女になる」ということには問題があることをクライエントに示唆するための確認がなされている。鋭い切り込みである。

はい、そうです。

あなたの勤務先のヘルパーの規則には、そのようなことをしてはいけないというような規則はないのですか？

クライエントの「はい、そうです」との返答に、クライエントの問題意識の欠如を感じとったため、より明確に、「そのようなことはしてはいけない」とのメッセージを重ねて伝えている。

ありません。

そのお婆さんは資産家なんですか？

老女の財産保護のため老女の資産状況についての質問を投げかけている。

「回避」が疑われる事案については、「共感」よりも「事実確認」を優先すべきであり、事実確認のためには相談の早い段階から質問を多用することになる。

え……資産家だと思います。

いくら持っているの？

……10億くらい。

あらー、10億も持ってるの？

はい。

へー、そしてそれを全部あなたにあげるっていってるの？

あ……はい。

ふーん。

お婆さんの身寄りは遠くにいるんです。

だからあなたの方で面倒をみてあげてるのね。養女になったのはどうして？

頼まれたので……。

「回避」のケースではクライエントをコントロールし適法な方向へ導くことが必要である。
そのため、そのクライエントをコントロールできるのかどうかを確かめることが最初の仕事となる。

コントロールできるかどうかは、弁護士の指示にクライエントが従うという関係を形成できるかどうかにかかっているので、強めの指示的な言葉を用いてクライエントの反応をみる。

クライエントが「上から目線の弁護士だ」と感じればクライエントからの依頼はなく、弁護士は危険を回避できる。
クライエントに悪意がない場合には、クライエントは弁護士の指示に従い、クライエントも安全な場所に導かれることになる。

まあ、よいお仕事をされているからね、そうだったのだと思いますけどね。でも、10億もの財産がヘルパーだった人のところに来るという形になるでしょう？そのような形だけみると、あまりよくないと思いますね。

例えば、ヘルパーだった人がいて、ずっとやっていたんだけど、結局10億ものお金を手にしてしまうということになるじゃないですか。そうすると親戚の人も黙っていないと思うんですよ。「横領した」とかね……「騙した」とか……そういう話になると思うんですよ。

「よいお仕事をされているからね、そうだったのだと思いますけど」と寄り添う立場を維持しつつも、具体的な不利益を告知して、問題を明確化している。

お婆さんはしっかりしているんですか？

ええ、お婆さんはしっかりしています。

お婆さんの財産についてきちんと管理する必要があるというのであれば、できれば成年後見か何かの申立てをした方がいいですね。あなたがいまの介護の仕事を辞めて、養女になったのであれば、養女の立場として、裁判所に申立てをするとかね……第三者が入ってきちんとあなたの状態について証拠化しておかないと、いまのままだと厳しいですね。

裁判所の手続をとるというのはどうですか？いずれにせよ、いまのままだと刑事にせよ民事にせよ裁判所や警察の手も入ってしまうと思うんですけどね。

厳しい言葉の中にも、クライエントに不利益が及ばないようにクライエントのために言葉を発していることを告げ、クライエントに寄り添う姿勢を示している。

大事にはしたくないんですけど……。

大事にしたくないんだったら、養親子関係を解消するとかね……あなたとしてはいまの仕事はお給料をもらってやっているわけだから、10億ものお金をもらうというのはもともと違うでしょ？それは倫理的にももらってはいけないし、かなり不透明なお金ということになると思うんですよ。お婆さんにお金を生前贈与してもらうことはできないんですか？

老女に遺言書作成の意思があるのかどうかを確認するため、老女に生前贈与の意思があるのかどうかという別の訊き方で確認している。

すごくケチなので、それはないです。

クライエントによれば、老女が生前贈与しないのは、節税が理由ではなく、老女がケチであることが理由だとのことである。

老女が真にケチかどうかはわからないが、クライエントは老女をケチと認識していることは明らかになった。

うーん、いまのままだと、ちょっとまずいですね。あなたに対する遺言書をつくるお手伝いとかね、私の方でしたとすれば、あなたが捕まれば私も一緒に捕まるようなことになってしまうと思うんですよ。横領の片棒担ぎみたいな……ね、そういう話になりかねないでしょ。

そういう話ではないにしてもね、世の中の人はそういうふうにみてしまうから。なかなかひっくり返すのは難しいと思うんですよ。だからちょっと気を付けないといけないと思いますね。

下手したら刑務所に行ってしまうかもしれないし、その辺は、よくよく考えてしなければいけないですよね。

クライエントの「老女はケチ」発言により、クライエントと老女との対立関係が明らかになったので、受任せず回避しているが、老女の財産保護のため、「刑務所に行ってしまうかもしれない」と警告を発しクライエントの違法行為を重ねて牽制している。

はい、わかりました。

第３節　対決

技法の第３は「対決」である。リーガルカウンセラーの仕事は紛争解決であるところ、紛争の解決地点（落とし所）は通常、クライエントと相手方との中間地点にある。その中間地点まで両当事者を導き紛争を解決するには、「対決」の技法についてしっかり習得しておくことが必要である。

Case 1

クライエントの妻の浮気相手に対し慰謝料300万円の請求の内容証明を送付。浮気相手が事務所に来ることになった。クライエントは150万円が最低ライン、分割可能。妻とは離婚せず。

Case 1－1

カウンセラー　相　手　方

こんにちは。弁護士のＡです。本日は、内容証明の件で、お話を伺わせていただきたいと思います。

はい。

内容についてご確認いただきましたでしょうか？

はい。みせていただきました。

そのことにつきまして、いかにお考えか、請求を呑んでいただけるのかについて、ご確認させていただきたいのですが……。

あの……ちょっと……無理です。

無理と仰るのは？

……無理です。できません。できないんです。もう……収入も少ないし。自分のしたことは悪いことだと思います。

悪かったということを形に……

> NG！相手方の説得のためには、こちらの要求を呑むことが相手方にとって利益であり、呑まなければ不利益になるということを伝えることが肝要である。
>
> 「悪かったということを形に」との説得は、利益を伝えることでも不利益を告知することでもないので、何も説得には役立たない。

本当にお詫びはしたいと思います。

お詫びだけではなくて、気持ちを表わして……

> NG！利益を伝えることでも不利益を告知することでもないので、何も説得には役立たない。

気持ちを表わせというのなら、会ってお詫びはしたいと思います。でも無理です、そんな……300万なんて……できません、絶対に。死んでしまいます。死んでしまいます！

> 相手方は、「死ぬ」という強い言葉を発したら弁護士はひるむと思って発しているのであろう。

そう簡単に死んでしまうなどということは仰らないで……

> NG！案の定、弁護士はひるんでしまい、相手方のペースに巻き込まれてしまっている。

でも本当です。死んでしまいます。できません。

> 弁護士がひるんでいるのをみて、さらに「死ぬ」という言葉を発し続けている。

あの、死なない方法で決着を……お仕事は？

> 「死ぬ」から「仕事」に話題を転換した点はよい。

仕事はしてますけど……そんなにいっぱいは……。

お仕事は何をなさっているのですか？

仕事は介護です。

施設でやってらっしゃるのですか？

そうです。

定期的な収入は入ってらっしゃるのでしょ？額については高額ではないにしても……。

はい。いま、一応は入っていますけど、いつクビになるかわからないし……不安定な職場なのでわからないです。

不安定といいますと？

まだ勤めはじめて半年くらいですから……。

お仕事の方は、いまのところ順調ですか？

まあ、順調かどうかわかりませんが……でも、300万円の支払いはできないんです。無理です。

何事も、やる前からできないとか無理とかは仰らずに、やってみようとか、そういうふうにお考えになったらどうですか？

NG！利益を伝えることでも不利益を告知することでもないので、何も説得には役立たない。

本当に無理なんです。できないんです。

でも、不倫はできちゃったんですよね。

NG！利益を伝えることでも不利益を告知することでもないので、何も説得には役立たない。

自分のしたことはお詫びします。本当に悪かったと心から反省しています。でももう、こんな、300万円なんて……死んでしまいます。できません。死んでしまいます。

弁護士がひるむ「死ぬ」という話題に戻そうとしている。

あの……

本当に死んでしまうんです。

弁護士がひるんでいるのをみて、さらに「死ぬ」という言葉を発し続けている。

お金払いながらでも、おじいちゃん、おばあちゃんは生きていますので、そんなに簡単に死ぬなんて仰るのは、一所懸命生きている人に失礼ですので、そういうことは仰らないでいただきたいなと思うんですけれども……。

NG！相手方のペースに巻き込まれて、説得に役立たないことを告げている。

でも、わかってください、本当に。とてもじゃないけど、金額をみただけで……これってホントに300万円ぐらいの義務を、私は負うんですか？こういう金額になるんですか？皆さんこういう金額をお支払いになっているんですか？私としては20万円くらいが限界です。20万円しか払えません。

こちらの依頼人としては、分割でもというお話ですので……。

そんな、分割でずうっとずうっと払っていくなんて、死んでしまいます。

弁護士がひるむ「死ぬ」という話題に戻そうとしている。

死なないような形で、お給料の中の何割かという形で支払っていただければいいので……。

でも、死んでしまいます。
できません。本当にできないんです。もう、そういうのは……。お詫びはしたいと思います。
でも、私ができるのは20万円が限界です。それも分割で。分割で20万円を１万円ずつで20回でも、それでも私は死んでしまいそうです。

弁護士がひるむ「死ぬ」という言葉を武器に、交渉を有利に進めようとしている。

なかなか……20万円というのは……逆の立場に立ってみられて……

> ＮＧ！利益を伝えることでも不利益を告知することでもないので、何も説得には役立たない。

やったことは悪いと思います。でも、私の収入から考えたら、本当に20万円しかできません。それだけしかできないんです。だったら死ねということですか？

> 弁護士が「死ぬ」という言葉にひるむので、「だったら死ねということですか」とより強く迫って弁護士に罪悪感を抱かせて交渉を有利に進めようとしている。

死ねというふうには申し上げてはいないですけれども……

> ＮＧ！困惑している様子がうかがえる。

じゃあ、それでなんとかお話ししていただけないでしょうか？死んでしまいますから……。

もうちょっと建設的にお話を進めたいと思うのですが……

> ＮＧ！困惑した結果、100万円減額かつ長期分割という譲歩案を早い時期で提案してしまっている。

20万円で分割払というのでは、あなたがいくらお給料をもらっているかわからないんですが、あまりに少ない額ですから、私の依頼人としてもなかなか気持ちにおさまりがつかないと思うんです。300万円といいましたけれど、200万円くらいのところで、長くかかってもよいですから分割で応じていただければなぁと思うんですが……。

……。

いかがですか？

……。

Case 1－2

カウンセラー　相　手　方

こんにちは。弁護士のBです。先日お送りした内容証明の件なんですけれども、300万円をお支払いいただきたいとお伝えしたと思うんですが、いかがでしょうか？

はい。300万円は絶対にできません。

絶対できない？

もう無理です。死んでしまいます。

> 相手方は、「死ぬ」という強い言葉を発したら弁護士はひるむと思って発しているのであろう。

そんな簡単に死ぬ死ぬなんていわないで、ね……

> NG！少しひるんでいる様子がうかがえる。

あの、あなたお仕事は何をなさってるの？

> 話題を転換しているところはよい。

介護の仕事をしています。

お給料はどのくらいになるんでしょうか？

給料はだいたい手取りで15万円くらいです。

ご家族はいらっしゃいますか？

家族は関係ないです。

いらっしゃるんですか？

いますけど、これとは関係ないです。

一緒に暮らしていらっしゃるの？

一緒には暮らしていません。

奥様やお子様はいらっしゃいますか？

いません。１人です。

15万円の給料の中で、300万円をですね……時間がかかるのはしょうがないと思うのですが、地道にコツコツと払っていただきたいなと思うんですけど……

NG！利益を伝えることでも不利益を告知することでもないので、何も説得には役立たない。

それがね、できません。もう、そんなに心が持ちません。

持つ持たないの話じゃなくて、あなたは私の依頼人の奥さんと不倫を……

NG！利益を伝えることでも不利益を告知することでもないので、何も説得には役立たない。

やったことは悪かったと思います。それは本当にお会いしてお詫びしたいと思います。心からそのことは悪いと思っているんです。でも、お金を300万円も払うと死んでしまいます。

先ほど弁護士にひるんだ様子がみえたので、さらに「死ぬ」という話題に戻している。

いや、お金をいくら払ってもですね。それで死ぬってことはあり得ないことかと……。

NG！相手方のペースに巻き込まれて、説得に役立たないことを告げている。

いいえ、もう、生きていけないと思うんです。それがあるというだけで、死んでしまいます。

弁護士がひるんでいるのをみて、さらに「死ぬ」という言葉を発し続けている。

どうやって死んじゃうんですか？

NG！相手方のペースに巻き込まれ、話題が逸れてしまっている。

それは、もう気持ちが死ぬ方向に行ってしまいます。

自殺してしまうということですか？

NG！相手方のペースに巻き込まれ、話題が逸れてしまっている。

そうです。

ほかに何か借金でもあるんですか？

借金はありません。

では払っていけるのではありませんか？

NG！相手方は、「払っていけても払いたくない」のであり、「払っていける」かどうかは、相手方にとっては問題ではない。そのため、説得には全く役立たない。

私は、私の給料で生活するのが、いっぱいいっぱいなのです。今回のことが300万円もお支払いしなければならないことなのでしょうか？悪いとは思いますけど、金額としては高いと思います。

長年連れ添ってきた奥さんに裏切られた私の依頼人の気持ちというものも……。

NG！相手方にクライエントの気持ちについて慮るよう求めたところで、それは相手方にとって利益なことでも不利益なことでもないので、説得には役立たない。

それはわかります。だから会ってお詫びをしたいといっているんです。

いや、口でお詫びをするだけなら、誰でもできるんですよ。やっぱり形で示してもらわないと本当にお詫びをする気持ちがあるかな、ということは……

NG！「説得」は議論することではない。相手方に対し、利益不利益を具体的に示さなければ説得は奏効しない。

私の収入の範囲で、私のできる範囲で、できる限りのことはやらせていただきたいと思うのです。だから月々１万円で20回はお支払いしようと思って今日は来たのです。

20回お支払いいただくことができるなら、30回お支払いいただくこともできるんじゃないでしょうか？

NG！「説得」は議論することではない。相手方に対し、利益不利益を具体的に示さなければ説得は奏効しない。

でも20回が私には限界で、それ以上やってしまうと死んでしまいます。

弁護士がひるむ「死ぬ」という言葉を武器に、交渉を有利に進めようとしている。

ま、死ぬ死ぬと簡単に仰らないようにしていただきたいんですけれども、ま、実際に払ったからといってあなたが死ぬとは思えませんけれども……金額の話は別にしても、あなたの可能な範囲で、お支払いいただく計画というものを、こちらとしてもあなたと相談して立てさせていただきたいと思うのですが、その辺のところはどうでしょうか？

NG！困惑している様子がうかがえる。

さきほども申し上げましたけれども、私としては、１万円で20回が限界です。本当に限界なんです、そこは。

あなた、依頼人の奥さんと不倫をされたときというのは、どこでされたんですか？

介護の講習の後でラブホテルに行きました。

ホテル代はどちらが払われたのですか？

ホテル代は私が払いました。

ホテル代を払うお金はあったのでしょ。

NG！「説得」は議論することではない。相手方に対し、利益不利益を具体的に示さなければ説得は奏効しない。

ホテル代3,000円くらいなら払えますが、そんなに余裕はないんです。

どういうふうに払っていただくかについては、これからお話合いをしたいと思うんですよ。家賃とか生活費とかを考えたうえで、そのうえで余ったお金を支払っていただくという形でどうでしょう？

……。

やっぱり20万円というのは、依頼人の立場としても少ないと思うんですよ。こちらとしてはやはり300万円を払っていただかないと、依頼人の気持ちはおさまらないと思いますし……。

……。

あなたは悪いことをしたと思ってるんでしょ？

ＮＧ！相手方と道徳的・倫理的な話をする必要はない。法と道徳は異なる。

……。

思ってるんですね？

……。

いかがですか？

……。

そんなダンマリ決め込まれても困りますよ。

……。

Case 1－3

カウンセラー　相　手　方

こんにちは。弁護士のＣです。Ａ弁護士とＢ弁護士から、あなたと話した内容を聴いたんだけど、あなたとしては、月々１万円で20回、20万円が限界で300万円はできないということのようだけれど、そうなんだよね。

それで、私の方としても、依頼人を説得できる限界というのがあるんだけれど、一応考えているのは、……あの……弁護士だからね。

> 弁護士の立ち位置について説明している。

あなたの気持ちもわかるけれど……

> リーガルネゴシエーションのベースには、リーガルカウンセリングがある。

法律的にできることとできないこととあるんですよ……間に入っているからね。

> 弁護士の立ち位置について説明している。

あなたの１万円で20回という案と、私の依頼人の300万円という案とね、私が調整をして、示談が成立しなかった場合、裁判をするという形になるんですよね。

いまは、あなたにとって何かメリットがあれば、ということで、示談の話はしているけれど、

> 相手方にとってメリットがあることを説明している。

示談が成立しなかったら、訴訟になり給与などを差し押さえていく……とそういう流れになるんですが、そこはわかりますかね。

> 法的手続の流れ、すなわち不利益の内容について説明している。

それでね、まず……その……この間話を聴いたら、15万円だということらしいよね、給料はね……。

そうすると、法律的にどうなるかというと、給与の４分の１は差押えていいんですよね。だから……えっと……そうすると15万円を４で割ると、37,500円かな……。

> 不利益の具体的な内容について説明している。

だから私が依頼人に説明できることとしてはね……１万円で20回というのは、とてもじゃないけどいえないから……。

あなたがね……示談するとすればね、３万円ずつ払うっていうことなら、本来は給与の差押えで37,500円とれるんだけれど、裁判の手続もかかるし、弁護士費用もかかるし、37,500円をとってもね……弁護士費用とかは持ち出しになっちゃうし、いちいち給与の差押えをするのも面倒だし、という話ならできるんだけど？

> 相手方の利益となる「37,500円を３万円に減額するためのクライエントの説得の仕方」について、具体的に説明している。

できないですよ。300万円は絶対にできません。私に死ねって仰るんですか？

> 「私に死ねって仰るんですか」と強く迫って話の流れを変えようと試みている。

給料の４分の１までは差し押さえていいことになっているんですね。それは、裁判所の方では、４分の３は残してあげなければ死んでしまう、逆にいうなら、４分の１を抑えても死なないという考え方なんだよね。

> 相手方のペースに乗らず、クライエントの権利の法的実現方法について淡々と説明し、相手方の「死ぬ」という言い分には法的合理性がないことを説明している。

だから、あなたの方で死ぬ死ぬっていっていて、あなたの気持ちもよくわかるんだけれど、

> リーガルネゴシエーションのベースには、リーガルカウンセリングがある。

少なくとも私たちは感情的な話をしているわけではなくて、法律的な処理しかできないから、うん、どうします？無理？

> 「死ぬ」という話題は感情的な話にすぎず、法律的な処理のルートでは全く考慮されないことを説明している。

無理ならいいんだけど。これで話を終えて帰っていいからさ。

> 「突き放し」は、有効な交渉技術である。

裁判やったら負けちゃうんですか？

あなた負けるね。だから基本的には給与の差押えをするから、それでいいんだったらねぇー、今日はもう帰ってもらっていいんだよ。だから１万円の20回なんてね……あなたの方に一度チャンスを与えてあげるから、

> ３万円の分割払で示談することが相手方にとってチャンスだと説明している。

３万円で払うというのなら、依頼人に話をするけ

れど。
１万円で20回なら、もう今日帰っていいから。

「突き放し」。

それで、もう今日は示談はできませんでした、と依頼人に報告して、あとは裁判をして給与を差し押さえる手続に行くので……。

不利益の告知。

今日で決まらなかったら裁判をするのですか？

やる、うんうん。もういいよ、だから、無理しなくていいから。もうそれは、粛々とやっていくしかないから……ね。

「突き放し」。

あなたとしては払いたくないし、死んでしまうんでしょ？ただ、裁判所の手続だからね、私たちは別にね、あなたに死ねとかいっているんではなくて、法律的な権利を主張しているだけだから。
弁護士としてはね、本人が死ぬっていっていましたから１万円で20回にしてやってください、とは依頼人にはいえないからね。私たちにもやれる限界があるでしょ？

弁護士の立ち位置について再度説明している。

依頼人が37,500円というところを３万円という話をするところまでは説得できる。裁判しないからまけてやってくれと。あなたのためにね。あなたも就職先に差押えなどがきてしまったら、かわいそうでしょ？だから３万円にしてあげてくれというところまではできる。

「あなたのためにね」「かわいそうでしょ？」と相手方に寄り添っている。

リーガルネゴシエーションのベースには、リーガルカウンセリングがある。相手方の利益について再度説明している。

でもそれ以上はできないから。……いま、決めてもらっていいんだけど、どうする？

少し考えさせてください。

もうこの間も来てさぁ、２時間も話したでしょ、Ｂ弁護士とね。その前もＡ弁護士と２時間話して、ね、これはやるかやらないかだと思うよ。もう考える時間はないね。
だから、考えるというのだったら、もういいよ。今日はもう帰ってもらってさぁ、依頼人には、「時間のばししているようだから、裁判を起こしましょう」といっておきます。

> 「突き放し」。

法的な権利として、４分の１差し押さえていいんですから。裁判をして、あなたにも出てきてもらって、あなたから直接はもらわないから。差し押さえて勤務先からもらうから。うん……。

> 不利益の告知。

それは困りましたね、

困ったね。じゃあどうする？

> 「共感」している。
> リーガルネゴシエーションのベースには、リーガルカウンセリングがある。

……。

じゃあ、300万円が無理だったら、150万円にしてくれって依頼人を説得してみようか？

> ここでようやく、減額の話が出ている。

説得できるかどうかわからないけれど。

> 事前にクライエントから150万円での示談について承認を得ているが、相手方からの提案でクライエントが譲歩したという形に持っていく方が、示談が確実に成立するうえ示談後の履行確保も図れる。

分割は？

３万円ずつで50回払ですね。どうしますか？

ありがとうございます。それでお願いします。

なんとか説得してみるよ。無理ならごめんなさいね。

> リーガルネゴシエーションのベースには、リーガルカウンセリングがある。

第５章　リーガルカウンセリング・リーガルネゴシエーションの実践

第１節　刑事事件

1　被疑者接見

今、目の前に、アクリル板越しに座っている被疑者は、いずれは社会に復帰する。だから今のこの時間は、その被疑者の円満な社会復帰のための、とても重要な準備の時間なのである。

Case 1－1　　弁護人　被疑者

（弁護人）当番弁護士のＤです。
あなたのお母さんからの依頼を受けて来ました。
この接見は無料ですから安心してください。
当番弁護士はあなたの味方です。
あなたの相談に乗って法的な助言をすることが目的です。
何か困っていることがありますか？

（被疑者）今回はやってないんだよ。

（弁護人）やってない？

（被疑者）間違いなんだよ。

（弁護人）間違い……。取調官は何といっているのですか？

> ＮＧ！質問には「開かれた質問」と「閉じられた質問」とがある。「閉じられた質問」とは、イエス・ノーのみで答えられる質問、年齢や出身地を聴く場合のように、回答に幅のない質問をいう。
>
> 一般的には、面接は「開かれた質問」ではじめ、徐々に「閉じられた質問」に移っていくのがよいといわれている。この接見が「開かれた質問」ではじめられている点はよい。ただ、それにしても「何か困っていることがありますか」という質問は開かれ過ぎている感がある。
>
> 「どのような質問をするか」というのは、「どのように自動車を運転するか」ということとよく似ている。
> クライエントは、カウンセラーが話のどこに興味・関心を持っているのかを気にするものである。カウンセラーが質問を投げかけると、クライエントは、カウンセラーの興味・関心はその点にあるのだろうと推測する。つまり、「質問を投げかける」という行為は、とりもなおさず「クライエントの話に方向付けをする」という意味を持つのである。質問は、このような「質問の持つ意味」を十分に認識したうえで行われる必要がある。

やったといってる。

それに対して、認めたりなんかは、まだしてないんですね。

してない。やってないから。

はあ。捜査官とか周りに一緒に入っている人に何をいわれても、やってないものはやってないで通してください。

NG！やっているかいないかという点に焦点が絞られている。訊かれている方としては気持ちがよいが、ここまで深めてしまっては引き返せなくなる。

わかった。通す。

裁判で言い直しても、もう取り返しがつかないので……ここだけは注意してください。

はい。

それから、あなたには黙秘権があります。黙秘権というのは取調官から教わってますか。

あ、知ってる。

知ってるというのは？

オレはもう前科12犯なんで……。

あーそうですか……。

いままでの弁護士さんからも説明を聞いていてよく知ってるんだよ。ところで、先生、今回は勝てますかね。

あなたはやってないんですよね。

NG！まだ何も事実関係を訊いていない。当然のことながら本人の言い分だけでは無罪判決は獲得できない。

やってない。

だったら勝てます。

NG！被疑者の「勝ち負け」というテーマ設定に引きずられてしまっている。まずは事実関係をしっかり確認することが重要である。

そうかなあ……。
いままで何回もやってないといって裁判してきたけど、前の事件も負けたし、その前も負けたし、毎回負けているんだよ。

それは、認めてないんですか。

認めていないよ。毎回争ってきたけれども、全部負けてるんだよ。

それはおかしいですね。今度こそ勝ちましょう！

NG！ここまで、事実確認が全くなされないままに会話が進行している。
事実の確認は反対尋問をしながら行う。
「やってない」と被疑者はいうが、本当なのかどうかを確認する。
ただ、初回面接としてはこれでよいともいえる。

ラポール（相互信頼関係）を形成するという点では、相手の話したいこと（勝てるか勝てないか）に焦点を合わせて質問していくことが大切であり、その意味では、この最初の流れは悪くない。

Case 1－2

弁護人　被疑者

あなたは何をやったんですか？

オレは電車に乗ってた。終電だったんだ。
客はまばらに座ってた。
オレは自分のポケットの中のものをとろうと思って手を入れたら、隣に座っている人のポケットに手が入った。
入った瞬間に目の前に刑事がいて、ガッと腕を捕まれたんだよ。
でも、そんなことしないの、オレは。
オレはプロだから。前科12犯のプロ。
捕まるような馬鹿なこと、しないんだよ。
人のポケットにそのまま手を入れるわけねえんだよ。
ポケットに手を入れるとしたら、幕をつくんねえと。幕だよ幕。
こうやって、左の内ポケットから財布を取り出すような格好をして、服の前の左側を開いて、これで幕をつくって、それからポケットに手を突っ込むんだよ。

同種前科があるような場合であれば、被疑者本人は否認はしているものの、実はやっている、つまり被疑者は嘘をついているという可能性が高い。
しかし、たとえ嘘をついているとしても、まずは嘘をついてしまうその心境に共感し、「嘘をつきたいんだね」と内心で受容してあげることも大切である。
嘘をついていることを本人が自覚している場合ももちろんある。

だが、例えば子どものいじめや虐待事件などでは、起きた事実が子ども本人にとって重すぎるため、本人が本当のことを話すことが難しく、自我防衛規制が働き、記憶が無意識の深いところに閉じこめられてしまったり、記憶が変容してしまったりして、子ども本人も嘘をついているとは考えていない場合も多い。
このような場合には、事実の確認にも慎重さが要求される。もし事実の確認がラポールを壊してしまうのであれば、当面は事実の確認を控えざるを得ない。

もちろん、事実の確認のないまま、本人の言い分をそのまま信じて事件処理を行うときには、きちんとした事件処理ができないというリスクも、頭に入れておく必要がある。

ほーう。でも、そのとき終電で客はまばらだったのに、どうしてそんなに近くに座っていたの？
手が隣の人のポケットに間違って入るほど近くに座ってたの？ ―― クライエントの供述の信用性を確認するため、反対尋問をしている。
間違って手が入るの？ ―― 反対尋問。

入ったんだよ。

深夜の電車で、何でそんなに接近して座ってたの？ ―― 反対尋問。

たまたま……。

そんなにくっついて座っていて、
隣の人のポケットに手を入れたら疑われるに決まっているじゃない。 ―― 反対尋問。

間違えちゃって……。

これまではどんな犯罪をしたの？前科12犯ということだけど。 ―― 累犯前科の有無を確認している。

同じような犯罪。

これまでと今回とはどこが違うの？ ―― 反対尋問。

これまではスろうと思ってスッた。今回はたまたま入った。

ふーん……。 ―― 非共感的な相槌によって、なかなか信じがたい弁解であると感じていること伝えている。

失敗した……。

この被疑者は、前科12犯。今回も否認で争いたいといっている。
弁護士としてこの被疑者に対する関わり方が問われる。

ふーん……大丈夫なの、それで。

「大丈夫なの、それで」というのは、被疑者をどきっとさせる訊き方であり、効果的である。
これは、クライエントとの間に一線を引くというスタンスである。「あなたの問題はあなたが処理するんですよ」という自己決定に気付かせる問い方である。

大丈夫とは？

クライエントとカウンセラーの距離のとり方は難しい。クライエントに起こったことは所詮他人事であるというスタンスであってはならないし、反面、クライエントと一体化してしまってもいけない。この距離のとり方が難しい。

一言でいえば「自由かつ独立」という言葉に尽きる。
彼は、ここでこの弁護人と出会って、彼の生き方が変わるかもしれない。
そのことについて、よく考えて、真剣に関わらなければならない。

あなたのその言い分で、大丈夫なの？

自己決定を促している。

もしね、これ、違ってたら大変だよ。

「大変だよ」という言い方は、不利益の告知としては、内容が漠然としているが、内容を明確にしないことで、逆にインパクトのある不利益の告知となっている。

大変って？

もし、あなたのいったことが嘘だったら、スリしたうえに嘘つきだということになるよね。
反省もしてないということだよね。

「大変って？」との質問に対して、刑が重くなるなどの具体的不利益を告知せず、その代わりに、スリをしたのにしていないと嘘をつき反省もしていないという被疑者の言動、そして、そのような言動を導き出す被疑者の思考自体が「大変」だと指摘している。

刑が重くなるのは、被疑者のそのような言動・思考の結末にすぎず、刑の軽重自体は「大変」な問題ではない。
「大変」な問題は、被疑者自身がそのような言動・思考を今回も全く改めず、今後も再犯を重ね、人生の大半を刑務所で暮らしてしまう結末になることである。
「大変」な問題は、被疑者の外にあるのではなく、被疑者自身に内在するものであるということに気付かせることが大切である。

今回もやってないということなのかな？
隣の人のポケットに何か入ってるんじゃないかなとは思ったの？

事実の確認は、このような訊き方で行う。「盗んだの」と直接的に訊いても、「盗んでいない」と答えるので、事実を確認することはできない。

「隣の人のポケットに何か入ってるじゃないかなとは思ったの？」という質問に対して、隣の人のポケットの内容物を意識していたような回答をすれば、「盗んだ」ということになる。もし間違えて手を入れた場合には、「隣の人のポケットに何か入っているんじゃないか」などと思ったりするはずがないからである。

何か入っていると思ったけど、何も入っていなかった。

この回答で、窃盗の故意があったことが明らかになった。

入っているかどうか当たりをつける行為も、盗む行為になるというのが裁判所の考え方なんだよ。だから、やってないというあなたの弁解を裁判所は信じないと思うけど。どうする？

自己決定を促している。

本当にやってないならやってないということで、あなたの言い分を貫かなければいけないんだよ。
ただね、本当はやったんだったらやったといわなければ、大変だよ。僕はね、やってないことをやったといえといっているわけではないんだよ。やってないならやってない、やったならやった、どちらかだね。どちらでもやってあげるけど。

先生、やったっていったらどれくらいの刑になるんですか？

わからない。
ただ、あなたがやりなおすかどうかという問題だよね。

やっていることがわかったので、話題を転換し、被疑者にとって何が重要なのかを明らかにしている。

これまでは否認して、いままでの弁護士は騙されてきたのかもしれないけれど……。前のは、本当にやってないの？

前のは……やった。

やってないっていって争って、負けちゃったんでしょ？
今回はどうするの？

自己決定を促している。

今回……うーん……やってないっていった方が……、

（遮って）やってないっていった方がいいとか、いわない方がいいとか、そういう問題じゃないんだよ。
やったかやってないかなんだよ。やったんならやったで、やってないならやってないで、嘘はいけないの。ね。

先生、ポケットに手を入れたら何も入ってなかったんだよ、盗れないでしょ。

入っていようと入っていまいと、ポケットに手を入れた段階でアウトなんだよ。入っている可能性があるんだから。盗ろうと思ってポケットに手を入れたんだ。

そうともいえるかも……先生、実はやったんです。

あなたはお生まれはどちら？

罪を認めたので、彼の人生を振り返ることを始めている。

北海道。

いつ東京に出てきたの？

31歳のときかな……。

向こうではどんな生活してたの？

高校を卒業して、印刷会社に勤めはじめて、……

彼の話を聴いてみると、彼は以前は真面目なサラリーマンだった。結婚して子どももいたが、突然会社が倒産した。離婚して、子どもとも別れて、東京に出てきたが、当てもなく、土木工事関係の仕事でその日暮らし。疲れ果てて終電で寝ているところを、財布をスられそうになった。犯人を追いかけて捕まえた。その犯人からスリを教わり、スリになった。
いったいどこで道を踏み外したのか。それを共に振り返る。踏み外したところまで一緒に戻る。
いろいろな人に裏切られてきた人生。誰も信じられなくなった。辛いこともたくさんあった。子どもとの別れはとりわけ辛い体験だった。いまでもそのことに触れられれば泣いてしまう。

瞼の裏にまざまざと情景が浮かぶように、まるで映画のシーンをみるように、話を聴いていく。嘘がないように聴いていく。彼自身も忘れてしまったこと、思い出すのが辛くて、無意識に閉じ込めてしまったこともある。でも、その事実は、実は一番人に聴いてもらいたかった事実でもある。
旅の途中で、彼の中で、何かが変わる。彼とて、このような人生を続けたかったわけではない。やめるきっかけがほしかった。こうして、だんだん心ができあがっていく。

Case 2 A

弁　護　人　被　疑　者

何かご心配なことやお悩みはございますか？

ここから出たいんですが。

やっぱりそれはそうだとは思います。勾留されていて身体的に拘束されておりますので、外ともなかなか連絡がとれない状況が大変不安で、早く出たいということはわかりますが、今後、やはり、取調べの方が進んで、起訴されるかどうかが決まりますので、もうしばらくこういう状態が続くかもしれません。その辺は前もってご了承いただきたいと思います。

NG！弁護士が話し過ぎる。もっと被疑者に話させること。

あの、出れないんですか？

いえ、そういうことではないんですが、やはり、今回の事件につきまして捜査とか取調べが行われますので、あなたが本当にやったのかやっていないのかということがわかるまで、出られるとははっきりここでは申し上げられません。もし出られる可能性があるのであれば、私の方でいろいろ尽力いたしますので、その点はご安心ください。今回どのようなことで逮捕されたのかについてはおわかりになっておられるのですか？

NG！ビジネスライクな面接になってしまっている。

窃盗ですね。

なんであなたは捕まっちゃったんですか。

友達の机の引き出しから、財布を盗っちゃったんですよ、そして、その財布の中にあったクレジットカードを使って、パソコンをたくさん買って、自分の車に積んでいたところを見つかっちゃったんですよ。

じゃあ、やったことは認めるんですね。

NG！返し方がぶっきらぼう過ぎる。
「オウム返し」や豊かな「相槌」（はい、ほお、なるほど）が必要である。
「オウム返し」は、話し手に対して、あなたのいったこと理解しましたというメッセージである。「相槌」は、基本的関わり合いの手法である。

相手の波長に合わせることも重要。元気な人には元気に、元気のない人には元気なく（同質性の原則）。
カウンセリングの手法として「要約」という手法もある。これもラポール形成には重要である。

はい。なんか盗んじゃうんですよ。盗みたくなっちゃうんですよ。

なんかお金に困ってたとか？

お金は、まあ、それほど困ってません。買えないわけではないんで。
でも、盗んじゃうんですよ。

盗んじゃう……なんでか理由は自分にもわからない……。
もう癖になってるんですか？

癖になってるというわけではないんですが……ここから出られます？

でも、盗んじゃったんでしょ？

ここから出られますか？

盗んじゃったんでしょ？盗んじゃったんなら出られない。

NG！あまりに冷た過ぎる。出たい気持ちを受け取ってあげる。相手への返し方として、オウム返しや要約のほかに、感情の反映という手法もある。感情の反映を用いるべき場面である。

ここから出たいんですけど……。

保釈の請求をしたいということですか？

すぐに保釈の請求をしたいんですけど、できますか？

やるだけやってみますけど……。

NG！起訴前保釈は認められないので誤り。
被疑者の出たいとの気持ちに応えていない。これでは信頼関係を築けない。

Case 2 B

弁　護　人　被　疑　者

ここから出たいんですけど……

出たいよねー……中は、どんな感じなの？

共感できている。

辛いです。

辛い……そうか……辛いよね……部屋は？

共感できている。

怖いおばさんとかいる。

怖いおばさんがいるんだ。まいっちゃうね。
刑事さんの取調べはどう？

共感と感情の反映ができている。

朝から晩まで、いっぱい怒鳴られてます。

あ、本当に……怒鳴らなくてもいいのにね。
僕からも刑事さんによくいっとくよ。

出たいです。

出たいのね……そうだよね……そっかぁ……。
ちょっといまは難しいんだけど、あまりに待遇が悪いようだったら僕にいってくれる？
起訴されればね、すぐに保釈請求をする予定なんだけれど、いまは……ちょっと難しいかな……ごめんなさいね。
それで、何を盗んじゃったんです？

このように、出たい気持ちをしっかり受け取ってあげること。

友達のカードを机の引き出しの中から……。

お金も入ってたの？

お金も入ってました。

どうして盗んじゃうの？

どうしてっていうか……もう……盗んじゃうんです。

お金がないんですか？

給料はもらっていて生活はできるし、買おうと思ったら買えるんですけど……。

盗んじゃうと捕まっちゃって、こうして嫌な思いをしなくちゃいけないよね。
それでも盗んじゃうの？

はい。

それで、いまはどういう気持ちなの？

早く出たいです。

出たいですよね。でも、やっちゃったんですよね。やっちゃうと出れなくなっちゃう……という気がしませんか？

やったのはいけないんですけどね。私、いつまでいるんですか、ここに。

うーん。

私、具合悪くなっちゃうんですよね。あのー、私、体調が悪いんですよ。

体調の件については、刑事さんにちゃんと話してますか？

> NG！体調が悪いことを話したいのに、「刑事」ということばを出してしまって、話がそれてしまっている。

話してます。もう2回熱が出て、失神して救急車で運ばれたんです。

そのこともちゃんと刑事さんに話をしてますか？

してます。

取調べのときにお体第一ということになると思いますので、体がどうなっても取調べに応じなければならないということにはならないので……。

どうなってもという話じゃなくて倒れちゃうんですよ。そして警察病院に運ばれて、またここに戻ってくるんです。でも、また倒れちゃうんです。

まああの、刑事手続の方は、やってしまったということであれば、取調べでそれをお話しして、公判手続に入っていくという流れになりまして……。

> NG！体調の話から逃げてしまっている。少し聴いて終わりという対応になってしまっている。

身体の調子が悪いんですよ。

医師に診てもらっていますか？

はい。
20歳の時に発症して、いま28歳ですけれど、ずっとこのままなんです。

取調べについては、耐えられますか？

> NG！「20歳から発病している」などとメッセージを送っているのに、そのメッセージに応え切れていない。8年も患っている病が何かについて、訊いていない。テーマから動くのが早過ぎる。クライエントから出されたテーマを受け止めていない。

耐えられないです。ここから出たいです。病院にも行かなければならないし……。

起訴されれば保釈請求できますけれど、いまは……。

その前になんとかできないんですか？勾留とか止められないんですか？

勾留を止める手続もあります。

それをやってほしいんですよ。

体調が悪いということで、できるだけ早く出れるように手続をとりたいと思います。
あと、私として伺いたいのは、友達の物を盗んでしまったということですけれども、つい盗んでしまうのですか？

NG！勾留執行停止（刑事訴訟法95条）の手続をとるとすれば通院先の情報を聴取しなければならないのにしていない。
テーマから動くのが早過ぎる。クライエントから出されたテーマを受け止めていない。

つい盗んでしまうのです。

友達とはどういうご関係なのですか？

会社の同僚です。

どういうふうに盗んだんですか？

私は社長の秘書なんですけど、会議が長引いて出てきたら、みんなお昼に行っていていなくて、そのときに隣の机の引き出しを開けたら、財布があったので盗りました。

なぜその友達の席なの？

近くの席の方が疑われないと思って……。

いままで同じことをして捕まったことはありますか？

捕まったのは今回が初めてです。

やったことは？

やったことは何回もあります。20歳くらいからです。いつもいろんな物を盗ってしまうのです。

どうして？

どうしてかわかりません。

盗んだ物はどうしてるの？

自分で使ったり、ネットオークションで売ったりしてます。

盗んだときはどういう気持ちですか？

やった！という感じですね。こう、スカッとしますね。そのドキドキしてスカッとする気持ちがいいんです。だからやめられないんです。

最初のきっかけとかは？

なんか無性に盗りたくなって……。

NG！テーマから動くのが早過ぎる。クライエントから出されたテーマを受け止めていない。

病状は、長期の身柄拘束が可能かどうかについての情報でもある。今後、長期の受刑が可能かどうかについての情報でもある。とすると、どこの病院に通院しているのか、主治医は誰なのか、ということは重要である。

意見書やカルテについては、公判では不同意とされ書証として出せない可能性も高い。起訴状一本主義があるので、裁判官にもみてもらえない。
１つの方法は、公判の打ち合わせという理由で裁判官に会いに行って、裁判官に事実上みせてしまう。起訴状一本主義は予断排除原則の現れであり、無実のものを処罰しないという趣旨だから、捜査機関側にのみ片面的に働く原理だと解することも可能である。
勾留執行停止の申立書に疎明資料として添付して、裁判所に目に触れさせる方法もある。

クライエントが出したテーマについて、もっと聴いていくことが大切。
弁護人として会うという以前に、その人が話したいことをどんどん話させることが重要。
質問の重要性を意識する。

そのことについて誰かに相談したことがありますか？

大変よい質問である。
実際のケースでは、皮膚科の主治医からは被疑者が精神科にもかかっていたとの情報、精神科の主治医からは被疑者が境界型人格障害であるとの情報を得ることができた。
ここで境界型人格障害と盗癖とがつながった。意見書も書いてもらって、勾留執行停止の申立書に添付した。
接見室に入っていって、その被疑者が話したいことがあれば、そこを聴いていく。一番紛争の解決の仕方を知っているのは当事者である。
本人は気が付いているかいないかわからない。ただ、問題の状況を一番知っているのは本人である。本人の言葉を検証しながら、解決の糸口を探していく。そして、本人の歴史を全体として裁判所に提示するのである。

2 被害者との示談交渉

Scene 1A

弁　護　人　被　害　者

はい、もしもし。

もしもし、私、弁護士のBと申しますが、Vさんでいらっしゃいますか？

なんでうちの電話番号知ってるの!?

Vさんが先日……、

（遮って）なんでうちの電話番号知ってるんだよ！

先日タクシー強盗に遭われたということをお聞きして、警察の方から……、

（遮って）警察には電話番号教えるなと言っといたんだけどさ！

すみません、私弁護士のBと申しますが、ほんのちょっとでよいのでお話伺いたいんですけど……

NG！被害者は、警察に電話番号を知らせるなといっていたのに、警察が電話番号を知らせたことに怒っている。まずは、その怒りに対する共感を示す必要がある。

例「あ、そうだったんですね。警察には電話番号を教えるなといっておられたんですね。それなのに私から突然こんなお電話を差し上げたので、さぞかし驚かれたことでしょうね。ごめんなさいね、不躾なお電話をおかけしてしまったことをまずはお詫びします。」

話なんかしないよ。あなたも弁護士だったらわかるでしょ。法的な裁きをね、きちんと受けることが大事なんじゃないの？

ごもっともなことだと思います。いま、大変お怒りのご様子であることや、Ｖさんのお気持ちはよくわかります。

ＮＧ！被害者は、「法的な裁きをきちんと受けさせたい」といっている。この被害者の意向は、正当な意向であり、単なる「怒り」の感情ではない。それなのに「大変お怒りのご様子」と返しても、共感にはならない。
むしろ、「法的な裁きをきちんと受けさせたい」との意向に対し共感し、

「そうなんですよ。本当に仰るとおりなんです。彼が法的な裁きをきちんと受けることが何よりも重要なんです。
彼がしたことについて、それにふさわしい法的責任をきちんととらせることが何よりも大切で、そのためにこれから裁判所と検察官と弁護士によって手続が始まっていくのです。
私は、彼にきちんとした法的な責任をとらせるつもりで、そしてそのためには事実の確認が何よりも必要不可欠となるので、ぜひお会いして、何が起きたのかについて、お気持ちも含めお話をお伺いしたいと思ってご連絡を差し上げました」
などと返すのがよかろう。

だから警察にも、会わないって言ったんだよ。会わないって言ったからさ、警察にも電話番号を教えなかったんだからね。それをこうやって電話がかかってくること自体がさ、納得いかないんだよ。警察から電話番号が内緒になっているって聞かなかった？

刑事の方はそんなようなことも言っていたんですが、当方としましては、Ｖさんのお話を是非伺わないと事件の解決にもなりませんし……

こちらの都合をいっても、被害者の神経を逆撫でするだけである。

解決するとか言ったって、あなた、それは警察がやるんでしょ!?あなたは関係ないんじゃないの？

いまどんな状況でいらっしゃるのかをお伺いしたいと思ってお電話差し上げたんですが……。

どんな状況って、怪我が痛いよ。

いまがご迷惑なようでしたら、何時頃ならお電話差し上げてもよろしいでしょうか？

うーん、だからちょっともうやめてもらいたいんだよね。会いたくないからさ。

会いたくないのはわかります。
タクシー強盗という大変な思いをされたという不愉快な思いは十分察するんですが、そうですね、ご迷惑にならない時間帯で、話してよいというようにお気持ちが向いたらお話をお伺いしたいんですけれども。

共感できている。

どうしても来たいの？

はい。

来て何するの？

えっと、今回の事件のことをお伺いしてですね、あの、被疑者の方も反省しておりまして、謝罪の手紙も書いておりますので、ちょっとそちらの方もＶさんに伝えたいなと思いまして、

とにかく被害者に会わなければ示談交渉は始まらない。
大変ねばり強く交渉している。よい。
とにかく会って示談をしたいという目的意識が前面に出てしまうと、自分の方向性に相手を引っ張りたいという姿勢が相手に伝わってしまい、反感を買いかねない。
ご挨拶をして虚心で被害の状況をお聞きするという姿勢が大切である。
会いたいとか示談したいという話を出すタイミングを図ること。

いいよ。先生何時に来るの？いまから来れるの？

はい、いますぐ伺いますので……。

じゃあ、待ってるから。

はい、ありがとうございます、失礼します。

Scene 1 B

弁護人　被害者

もしもし。

はい。

あの、Vさんのお宅ですか？

はい。

突然お電話差し上げて申し訳ございません。私ですね、Vさんがタクシーに乗られたときにお怪我させてしまった被疑者の弁護人なのですが、

あー、もうそれは結構です。それは警察に話してますので、そちらの方で解決してもらいますので。

なるほどね、うん、うん、警察の方はだいぶ行かれたんですか？

被害者が出した「警察」という言葉にうまく話をつなげている。

そうですね、取調べもいろいろあってうるさかったんですけど。

昨日なども行かれたのですか。

はい。

取調べでは、

（遮って）ああもう警察に全部話しましたから、もう、そちらの方で聞いてもらえます？

ああ、なるほどね、うん、わかりますよ、うん。いま、被疑者本人と会ってですね、だいぶ反省しているんですよ。そういうことでね、今回のことでもいろいろ治療費も発生しておりますし、お詫びの言葉も申し上げたいと思うんですよ。
それで、まあ、もし、お時間少しでもいただければですね、お顔を拝見したいと思うんですよ。

> 共感しつつ、ねばり強く交渉している。

忙しいからそんなことをしてる暇ないんですよ。

ああ、お忙しいんですか。

> なんとか話をつないでいる。

はい。

お仕事はだいたいどのくらいの時間までやってらっしゃるんですか？

> 被害者の「忙しい」との言葉にうまく話をつなげている。

夜遅くまでやってます。

お仕事が終わったあとでも、ほんの少しでも玄関先でご挨拶ということで構わないので、お会いしたいんですよ。本当に、本人のお詫びの気持ちを伝えて、すぐに帰りますので。あの、いかがでしょうか？

もう、いいって言ってるんですよ。この事件には触れたくないんで……。

うんうん……そうですよね……今日はお仕事なんですか……これからお仕事に行かれるんですか？

> 誠実に話を続けると、必ず会ってくれる。
> 逆接のときにも、「でも」という言葉でつながず、「そこで」「そして」などの順接の言葉でつなぐこと。
>
> 被害者：忙しいんだよ。
> 弁護人：でも少しだけ会っていただけませんか？→×
> 弁護人：では少しのお時間ではどうですか？→○

これから仕事に行くんです。

なるほどなるほど……えーっと、お仕事に行かれる前とか、ちょこっとだけお会いしてお話を少しだけさせていただくというので、お願いさせていただけませんか。本当にちょこっとだけでいいんです、ご負担はおかけしませんし、お顔だけ拝見してすぐに帰りますので……。

Scene 2 A

弁護人　被害者

すみませんお忙しいところ。お怪我はありませんでしたか？

怪我したよ、（首をさすりながら）首は捻挫したし、（腹をさすりながら）腹蹴りされたから腹も痛いし……。

お仕事には、差し障りないですか？いま、タクシーは乗ってらっしゃらないでしょ、怪我されたばっかりで、仕事できないし、お金も日払いですしね……、あの、実はですね、被疑者の手紙をお持ちしたんですよ。気持ちが落ち着かれてからでいいので、ぜひ目を通してもらいたいんですよ。

被害者は被害状況について説明しているのだから、まずはそこをしっかりと受け止めることが大切。
例えば、被害者と同じように首やお腹をさする仕草をする（ミラーリング）だけでも心が通ってくる。

今回、来た以上はさ、弁護士さんだからさ、あれでしょ、お金の話になるんでしょ？

そうなんです、はい。

お金の話でさ、あの人（被疑者）はさ、一部上場企業の役員だっていうじゃない。ね、有名な会社だよね。年収だと2,000万円くらいもらってるんだろ？

2,000万円ですね。

そうだとすればさ、今回は強盗致傷でしょ？今回刑務所行くかもしれないのを示談してあげるんだからさ、いま何歳だっけ、58歳とかいってたよね、とするとさ、定年まで何年かあるわけでしょ。

役員だからあと７年ですね。

７年でしょ、７年だとしたら、2,000万円の７倍で１億4,000万円くらいは稼ぐんでしょ？

はい。

正直に答えることが、信頼を得ることにつながる。ここで変なごまかしをしてしまうと、不信感を抱かせることになり、交渉が難しくなるので注意する必要がある。

じゃあね、いいよ。3,000万円でいいよ。

3,000万円、そんなもんでいいんですか？

NG！3,000万円というのは高すぎるので「そんなもんでいいんですか」と答えるのは誤り。「3,000万円」といわれたときの返し方としては、被害者の「3,000万円」という言葉を出した気持ち・感情を反映させる。相手が金額の話をしてきたときに金額の話で返してしまうと、金額の話になってしまう。金額の話でないように、話の内容を変えていく。

例：「あー、3,000万円ですか……まあ、3,000万円払ってもらいたいぐらいの嫌な思いをされたのですね。もう少し具体的に事件の状況をお聞かせ願えますか？」

払ってくれるの？

いえ、私が払うんではないですけれど、あの、被疑者にその旨は伝えておきますが、全額出るとは期待しないでください、まだ。

3,000万円近く出るんだ。

出すように話してみますんで……ほしいですよね。

うん。

ただ、被疑者との話合いになるので……彼もローンを抱えていますし、お母さんもお父さんも病気だということなんで、そんなにご希望の金額は出ないかもしれないんですが、できるだけ誠意はみせると申しておりましたので、ご希望の金額にならないとしても……。

ご希望の金額にならないって、いくらになるの？ 3,000万円は？

あの、いま、全治１か月ですよね。相場からすると500万円くらいなんですが……。

NG！「500万円くらいが相場」というのも、誤り。
相場的には、後遺症が残らないとすれば、20万円から50万円程度、高くても100万円くらい。加害者の年収は基本的に関係ない。
過度の期待を持たせてはその後の交渉が困難になる。

Scene 2 B

弁　護　人　被　害　者

じゃあね、いいよ、3,000万円でいいよ。

3,000万円ですか？高いと思いませんか？高いと思いますよね。

NG！これではダメ。全然ダメ。帰れといわれてしまう。喧嘩を売っているに等しい。
「何しに来たんだ、もう一切示談に応じない」ということになりかねない。
逆鱗に触れる一言である。

Scene 2 C

弁　護　人　被　害　者

それでさ、弁護士さんさ、お金の話になるわけじゃない。で、役員でしょ、年収2,000万円くらいあるわけでしょ、それに失業しないで済むんだからさ、で、７年間で１億4,000万円稼ぐんだからさ、それを考えたらさ、ね。

俺も考えたんだけどさ、20年くらい前の話だけど、チンピラに絡まれたことがあったんだよね。俺はこうみえても柔道６段なんだよ。それで、そのチンピラに絡まれた時、そのチンピラを投げたんだよ。投げるの簡単だからね。そしたら、倒れたチンピラが腰を打ったんだよ。その後チンピラが自宅に来て、後遺症が残ったから金よこせと言われて、いまから20年くらい前だから、タクシーの運転手をはじめて５年くらいたった頃だと思うけれど、そのときに、家をとられたんだよ。買ったばっかりの1,500万円の家。

警察にも頼んだよ。弁護士の所にも行った。でもね、投げたんだからしょうがないということで、警察も弁護士も守ってくれないんだよ。結局、1,500万円とられたんだよ。いまからすれば3,000万円くらいの値打ちの家だと思うよ。
俺も払ったんだから、払ってもらいたいんだよ。今回は殴られっぱなしだった。柔道６段だから、投げようと思えば投げられたんだよ。でも、この前のことがあったから、じっと我慢してたんだよ。俺も払ったんだから、払ってもらいたいんだよ3,000万。筋は通ってんだろ！

いや、ただ……あのー、そうですか、そんな、過去にそのようなご経験をされていたとは全く存じ上げなかったので……そのときはあなたの方がチンピラの人に暴力を振るってしまってということで示談だったんですか……それでいまなら3,000万円ぐらいを支払ったということですか……。

そうそう、向こうが悪いんだけどね。向こうが絡んできたんだよ、今回みたいにね。料金がどうのこうのといってきて……。

申し訳ございませんね。ですが、まあ、今回の事件と前の事件は別物ですよね。で、その、今回の事件で、被疑者がとんでもないことをしてしまったことは申し訳ないんですけれども、前のお話は置いておいてですね、今回の被疑者の犯した罪について、確かに悪いことはしたんですけれども……

それに対して3,000万円というのはちょっと厳しいかなと思うのですが……。

厳しいの？

ええ、ちょっと厳しいかなと……前にそのようなご経験をなさっていたというのが、

俺は3,000万円払ったんだよ。自分のときにはね。高いとは思わないけれど、だって払えない金額ではないでしょ、ね。

確かに、ご経験があったうえでの計算をなさったとは思うんですけれど……

被害者は、前の事件について話したがっている。とすれば、前の事件についてもっと共感的に聴く必要がある。「別物」、「置いておく」と切り捨ててしまったのでは、被害者の気持ちはおさまらない。

例：「20年くらい前の、まだタクシー運転手になられて５年目くらいのことなんですね。柔道６段とは、すごいですね。そのくらいだと、もう反射的に身体が動いて投げちゃうんじゃないですか。
しかもチンピラから仕掛けてきたんだったら投げてしまっても全然悪くない状況ですよね。
それなのに、警察も弁護士も守ってくれなかったなんて、あまりにひどい話ですね。
当然、警察は恐喝として動かなければいけないケースだし、弁護士も介入すべき事案ですよね。
そんなことがあったんですね。」

だって、職を失っちゃったら食うに困るんじゃないの？ね、これから。生きていくのは大変だよ。

ええ……。

それを考えれば、3,000万円くらいたいした金額ではないと思うけれど……。

ええ、ただ……本人にしてみれば、3,000万円というのはたいした金額でもあることですし……まあその……ご経験もあるので3,000万円が頭から離れないのだと思いますけれども、3,000万円だけはご勘弁をお願いしたいのですが……。

相手の気持ちに配慮しながら、押したり引いたりして、うまく会話を進めている。
実際のケースでは、数回の示談交渉の後、120万円で示談が成立した。
金額が減額したのは、示談の際の雑談で、加害者が妻の父親の介護をしていることを話したところ被害者も同じ経験をしていたこと、加害者と被害者が同郷であることなどが影響した。
根気よく話しているといろいろと減額に役立つ話題が出てくるものである。

どのくらいならできるの？

お怪我の具合と後遺症との関係で変わってくるとは思うのですが……。

3 少年接見

Case 1 A

弁　護　人　少　　　年

当番弁護士のＢです。こんにちは。

こんにちは。

今日はどういうことがあってここに来たの？

まず最初に、弁護士は味方であることをしっかり説明する必要がある。

例：「弁護士と会うのは初めてでしょ？弁護士というのはね、あなたを取り調べている刑事さんとは全然違うんだからね。刑事さんとたたかって、あなたを守ってあげるという仕事なんだよ。」

えっと……私……覚醒剤を打たれてたんです。それで……あの……覚醒剤を打たれてるので逃げ出してきたんです。それで……渋谷駅で……あの……向こうから歩いて来た人に……「遊んでいかない？」っていったんです。そしたら……なんか、警察に通報されて……捕まっちゃったんです。

いま、体調は大丈夫？

NG！話題が変わってしまっている。

体調は、そんな悪くないです。

いつぐらいから覚醒剤をやってるの？

NG！少年は、「覚醒剤を打たれているので逃げ出してきた」といっている。
しっかり話を聞くこと。

やってるんじゃなくて、打たれてたんです。

ずうっともう、何回も何回も？

何回も、毎日打たれて……あの……ヤクザがいるんですよね。で、ヤクザに……最初はナンパされて付き合っただけなんだけど、その……連れてかれて、監禁されてたんです……。

お客さんが来て、セックスさせられて覚醒剤を打たれてたんですよ。それで、このままだとダメだと思って、逃げようとしたんだけど、一回……顔面殴られて、鼻の骨を折ったんです。で、もう一回逃げようとして……あの……静岡から逃げてきて、渋谷で、援交しようと思ってちょっと声かけたら捕まっちゃったんですよ。

お父さんとお母さんはこちらにいるの？

NG！話題が変わってしまっている。

お父さんは、お母さんと……私が小学校2年生のときにもう別れたんです。お父さんは小田原にいます。お母さんは、あの……私とお姉ちゃんとで静岡に一緒に住んでたんですけど、あの……お母さんは私が中2のときに自殺しました。

それから私はお姉ちゃんの所にいたんだけど、お姉ちゃんは彼氏と住んでるし、居場所がなくて、それからいろいろ住み込みでソープとかにいたんですよ。

大変な生活をずっと送ってきたんだね。いま、ボーイフレンドはいるの？

NG！話題が変わってしまっている。

ボーイフレンドは、そのヤクザ。

他に頼れる友達とかはいないの？

友達は……いない。

じゃあ……大変だね。

大変かどうかわからないけど……。

そのヤクザのことを好きだったりするわけ？

ヤクザは私のこと騙したから嫌いだけど……でも……まあ……彼氏なんですよね……ヤクザは。

君としては、もうこういう世界からきっぱり足を洗いたいと思ってるの？

NG！少年の「彼氏なんですよね……ヤクザは」との発言を受けての言葉であろうが、いまの少年にこのような質問を投げかけても回答できないであろう。

うーん……追われているからね……いま、ヤクザに……。居場所が……戻る所がないんですよね。

帰る所がないのか……まあ……いまはどうしたいということはない？……とにかくもう生活していくにはこの状況に頼るしかないと考えているの？それとももし追っかけられないんだったら、また普通に生活してみたいという希望はあるの？

……よくわかんない……。

覚醒剤に関しては、悪いことしたなとか、そういう気持ちはないの？

NG！少年は、「覚醒剤を打たれてるので逃げ出してきた」といっている。しっかり話を聞くこと。

覚醒剤は私が打ちたくて打ったんじゃなくて、無理矢理打たれたので……。

これからいろいろ刑事とかの取調べがあるけれど、無理矢理打たれたということは私もわかったから、それを主張していけば罪も軽くなると思うんだよね。そこを一緒に主張したり証明したりしていくことになるんだけれど……。

シュチョウって何？シュチョウ？

理解力には個人差があるので、難しい言葉を使わない。
家庭環境が劣悪である場合も多いので、根気よくじっくり話を聞くこと。

私は無理矢理打たれたんです、自分で好きで打ったんじゃない、むしろ被害者なんだということで、訴えていきたいと思うんだよね。君は被害者なんだから、僕が守っていくから、一緒に頑張っていこうね！

……はぁ……。

覚醒剤を打たれたのはいつから？

もう……２年くらい前から。

逃げ出すことはできなかったの？

ＮＧ！まずは、少年の言葉に共感を示すこと。
例：「そうなの、２年も前から……。大変だったね。」

逃げ出したんですけど、顔を殴られて鼻の骨を折られたんです。
もう逃げられないと思って……覚醒剤を打たれっぱなしで……。

それは辛いね……体調とかは、いまは大丈夫？

共感を示している。

あの……幻覚があるんです。

お花畑がみえちゃったりとか？

> ＮＧ！まずは少年の言葉に共感を示すこと。
> 例：「幻覚があるの、それは大変だね。」
>
> お花畑が見えるのかという質問は、幻覚を軽く考えているようで、不適切である。

そうじゃなくて、あの……虫がみえます。（両手で輪をつくって）このくらいのゴキブリが出てくるんですよ。幻聴も……キャーという声とか……。

そういう状態で、たくさんのおじさんたちに囲まれて、取調べとか受けるのは辛いね。

> ＮＧ！まずは少年の言葉に共感を示すこと。
> 例：「そんなに大きなゴキブリが見えるの。気持ち悪いし怖いよね。それに幻聴もきこえるとは、辛すぎるね。」

そうですね……。

取調べとかで一番辛いことは、何かありますか？

あの……「やったんだろ」って……。「おまえが自分で打ってもらってたんだろ」っていわれます。

捕まって仕方なく打たれちゃったんでしょ。

> ＮＧ！まずは少年の言葉に共感を示すこと。
> 例：「そんなひどいことを言うんだね。」

そうなんですよ！
でも、「打ってない」っていっても信じてもらえないんですか。

信じてもらえるように、私は頑張ります。打ってないんだから、そのために、裁判官にそのことを真剣にいっていけばわかってもらえると思うし、私もわかってもらえるように証拠を集めたり、努力しますから。そのあたりは、私を信じてください。

> ＮＧ！事実関係を尋問調にならないように気を付けながら聴いていく。
> 無理矢理打たれたというが、その場所や状況も聴かなければならない。
> 少年の生活関係も聴く必要がある。生まれた場所、これまで何をしてきたかなど、もっと具体的に話を聴いていくこと。そうでなければ説得的な主張にならない。

はい……ヤクザが追っかけてくるんですけれど……捕まっちゃうんじゃないかと思うんですけれど……ヤクザを捕まえてください。逮捕してもらいたいです。

そうだね。覚醒剤を君に打っちゃったんだから、それは悪いことだし、なんとかヤクザが捕まるように私も方法を考えてみますから、あなたは、覚醒剤を自分から打ったんじゃなくて打たれちゃったということをとにかく話してください。少年院に行かないで、ここから出られるように、そのことを考えてください。出た後のことはヤクザに捕まらないように、私も努力しますので……。

Case 1 B

弁護人　少年

何があったか聴かせてもらえますか？ここに入ったのはどういうきっかけだったの？

オープンな訊き方でよい。

渋谷駅のホームを歩いていたら、前の方からオヤジがやって来たから、「遊んでいかない？」っていったんですよ。そしたら、そのオヤジが警察にチクって捕まっちゃったんです。

お金がなかったの？

NG！質問が早過ぎる。質問をしてしまうと、質問の内容にテーマが設定されてしまい、少年自身が話題にしたいことが話せなくなってしまう。
質問しないで、そのまま聴いていると、少年の方から話したい話題を出してくるので、その話題に沿って話を進めることができる。

お金がなかったの。逃げてきたので……。

逃げてきたのは、どこから？

NG！質問が早過ぎる。

静岡の駅の近くに彼氏の家があるんですよ。ずっとそこにいたんです。閉じ込められてたんです。ヤクザがお客さんを連れてきて、セックスをさせられてたんです。そこに来たのは半年ぐらい前なんです。

ご家族やご両親は？

NG！少年は静岡の駅の近くの家に閉じ込められて売春客をとらされていた話をしたのに、その話題から突然家族の話題に変わってしまっている。
少年の出した話題を掘り下げていくことが大切である。

両親は私が小学校２年の時に離婚して、お父さんは小田原にいるんだけれど、お母さんは私とお姉ちゃんを連れて、実家の静岡に戻ったの。
しばらくはおばあちゃんの家にいたんだけど、３人でアパートに移って、その後お姉ちゃんは彼氏と一緒に住み始めたから、私はお母さんと一緒に住んでたの。そして、私が中２の時に、お母さんが自殺したの。
私は、それからお姉ちゃんの所にいたんだけど、お姉ちゃんは彼氏といるし、居づらくなって、それからヤクザの彼氏の所にいた。
ヤクザの彼の家にいたら、他の人がやって来て襲われて、それからそのような生活になったんです。

彼がヤクザだというのは知ってたの？

NG！この質問をする意味がどこにあるのか、全く不明である。

知ってた。優しいんですよ。私のこともよくわかってくれて……食べさせてくれるし、家もあるし、そこしかないんですよ。

彼の家でそういう仕事をしてたというのは、無理矢理やらされていたの？

NG！少年は「仕事をしてた」とはいっていないし、少年が「他の人がやって来て襲われて、それからそのような生活になった」といっていることから「無理やりやらされていた」ことも明らかである。
「仕事」であるはずはないし、無理矢理やらされていたかどうかについてわざわざ確認するまでもない。

そうです。最初は仕方がないと思ったんですけど、だんだん嫌になって、もう辞めたいと思って、一回逃げ出したんだけれど、追いかけられて捕まって、顔を殴られて鼻の骨を折ったんです。
それからずっと、覚醒剤を打たれて、ずっと客をとらされてたんです。
でも、これじゃダメだと思って、逃げる決心して、たまたま隣で彼が熟睡してたので、電車に乗って渋谷まで来たんです。お金もないし、服もないし、お金がいるので、オヤジに声かけたら、捕まっちゃったんですね。

ここに入ってしまった経過はそういうことで、覚醒剤も無理矢理打たれてということと援助交際の声をかけてしまったということも主張して、
なんとかここを出られるようにしようと思うんですけれども……
でも、出たとしても、また追いかけられてしまうので、あなたが安心して暮らせる環境をつくらなければいけないね。あなたが安心して暮らせる場所として、お父さんの所はどうなの？

ＮＧ！援助交際は非行であり、少年に有利な事情ではない。

ＮＧ！少年事件は保護事件であり、どのような保護が適切かについては、慎重に検討されなければならない。「出られること」が必ずしも少年の保護としてよいわけではない。

お父さんは……お母さんを捨てたし……お兄ちゃんもいるので……。お兄ちゃんはお父さんが引き取って、お姉ちゃんと私はお母さんが引き取ったんです。お兄ちゃんは働いてないの。お父さんが甘やかして、お小遣いあげて、もうずっとそこで、ほとんどそういう状態なんです。一回、私もお父さんの所に戻ったこともあるんだけれど、お兄ちゃん働いてなくて、私に「外に行って援交して金つくってこい」ってそういうことをいうんですよ、お兄ちゃんが……。そして、援交してきたお金をとるんですよ。

お父さんはそのことを知らないの？

NG！質問する前にまずは少年の言葉に共感を示すこと。
例：「お兄ちゃん、ひどいことするね。」

お父さんは仕事人間で、仕事ばっかりやっていて知らないと思います。お父さんは今回のこともめんどくさいと思ってると思います。

お父さんと最後に会ったのは？

最後に会ったのは３年くらい前。

NG！まずは少年の言葉をしっかりと受けとめること。
例：「３年くらい前なのね。ずいぶん会ってないんだね。もうこちらからは連絡をとりたくないの？」

こちらの方からお父さんに連絡を……。

してみてください。でも、もうお兄ちゃんとは住みたくないです。お兄ちゃんと住むならお父さんの所には行きたくないです。

お兄さんがどういう状況なのか、そういう確認も含めて、お父さんと会ってきますね。

NG！「お父さんはどのような仕事をしてるの？」とか、どんどん周りのことを聴いていく。その少年が現在抱えている問題や人間関係をどんどん聴いていくとだんだんつながりがみえてくる。その少年の考え方や見方がわかってくる。
少年事件の両親は、過保護や放任が多い。

第2節　離婚事件

1　離婚事件が和解に至るポイント

離婚事件が和解に至るポイントは、夫婦の実質的な平等に配慮することである。

代理人がクライエントと一体化しクライエントの立場でしか物をいわないなら、紛争はなかなか解決しない。

そもそも話し合って結婚して夫婦となったのだから、話し合って別れるのが原則である。

離婚は責任を伴う行為である。

子どもに対してはもちろんであるが、これまで専業主婦だったが今後は自分で働いて食べていかなければならない妻に対しても、夫は相応の面倒をみなければならない。

弁護士は、クライエントから自由かつ独立の立場で、クライエントが負担すべき責任についてクライエントに説明し、そのうえで、クライエントの利益を最大限に実現するために活動しなければならない。

2　離婚事件における事実の確認

Case 1 A

カウンセラー　クライエント

　こんにちは。

　こんにちは、弁護士のBです。

　主人と離婚したいんですよ。

　どういったことで？

主人がねー、お金にだらしなくって。それで、借金の催促が家に来てるんですね。ほんと、普通の債権者だけならいいんだけど、変なすっごい怖いところからも借りてきて、とにかく電話がすごいんですよ。鳴りっぱなしで。怖いでしょ？ああいうところは。あの、何するかわかんないじゃないですか……。

家に来ても、玄関のドアに張り紙とかされたんですよ。「返せ」とか書かれてて、嫌なんですね、そういうのは。娘もいることですし……。

旦那さんはなんでお金を借りてるのだと思いますか？

NG！クライエントは夫を「主人」と呼んでいるが、いずれは相手方となる可能性があるので、弁護士としては「旦那さん」ではなく、最初から「夫」と呼ぶ方がよい。

うーん、ギャンブルとか……あと、会社の人と飲みに行くとかいってますけどね。それで、部下を連れて行くので自分が出さなきゃしょうがないとか……ギャンブルもパチンコが好きでね、日曜日なんか家にいないですよ。

ご主人は会社にお勤めなんですか？

NG！「夫」と呼ぶ方がよい。

会社には勤めてるんです。

じゃあ収入は一応安定している？

収入は、月にだいたい30万くらいで、ボーナスも年に２月分くらいは出るんです。

お子さんは？

子どもは小さいんです。小学校の２年生と４年生です。

月30万円では足りなくて、旦那さんが借りてきて、ギャンブルとかつきあいに使っちゃうんですか？

NG！「夫」と呼ぶ方がよい。

給料日に給料袋を渡せといっても、５万円くらいしかなかったりするんですよね。で、借金の返済に充てたからと言っているんですが、それでも返せないところがあるらしくて、サラ金から借りてるみたいなんですよ。

じゃあ、生活費はどうされているんですか？

生活費は、だからその５万円でずっとやってるんですね。それで、足りないから頂戴よといったら、またおかしなところから借りてくるみたいなんですよ。

５万円では家賃も払えないですよね。

家賃は主人が払ってくれてるんですよ。あとは、生活費として５万円なんですよ。
ただ、子どもだって、夏だったらキャンプに行きたいとか、いろいろあるじゃないですか。全然余分なお金がないんですね。
靴だって買えないんですよ。靴はだから、友達のお下がりをもらってくるんですよ……辛いんです。

ご本人様はどこかで働かれたりしておられるのですか？

NG！「ご本人様」とまであらたまる必要はない。「あなた」でよい。

私ですか？私は、まだ子どもが小さいので働けないんです。離婚したいんですけど、どうしたらいいんですか？

まず、調停を申し立てて……。

NG！クライエントから質問されたからといって、その質問に答えなければならないと考えないこと。

まずは、「離婚したい」という気持ちに共感し、さらに事実関係を詳細に語ってもらうこと。
このケースでは、借金問題についてしか聴けていない。

はあ、調停ですか？離婚するともう家には請求は来ないんですよね。

請求は、何か判子を押されたりしましたか？

私は一切そのようなものはないですよ。一切保証人にもなっていないし、ただ離婚したいと思っているんです。そういうことだからね。

それでしたら、離婚後に請求は来なくなります。

じゃあもう、離婚するしかないですよね。

そうですね。

NG！借金問題だけであれば、「離婚するしかない」状態ではなく、誤り。

調停を申し立てるんですか？

はい。

なるほど。で、調停は、先生にお願いする形でやるんですか？

それでもいいんですが、最初は当事者で話し合いをされて、家庭裁判所に行って、所定の書類に記載すれば、家庭裁判所の方から旦那さんの方に呼び出しが来ると思うので。

NG！「夫」と呼ぶ方がよい。

わかりました。じゃあ調停を申立てに行きます。

調停の申立てをしなければならないほど会話はないのですか？

いえ、そんなことはないですよ。借金の取立てが激しいので離婚したいんです。会話は普通にしてますよ。

夫に借金があるだけで、借金の取立てを免れるだけのためであれば、離婚などする必要はない。
直ちに弁護士が債務整理で介入するというのが正解である。

離婚の相談については、その原因を除去すれば離婚の必要などないケースもままあるので、安易に離婚ということで受任しないこと。

事実関係を丁寧に聴いていくことが大切である。

会話はしているけど借金だけ逃れたいということですか？

そうですそうです。

そしたら、そういうことで旦那さんと話をつけて、

NG！「夫」と呼ぶ方がよい。

とりあえず離婚届を出して別々の所に住むということでどうですか？

NG！離婚して別の所に住んだとしても、違法な取立ては止まない。

あ、離婚届を出して別々の所に住めばいいんですね。はー、なるほどなるほど。

それで旦那さんはＯＫしてくださる？

「夫」と呼ぶ方がよい。

大丈夫だと思います。じゃ、離婚届を出して別々の所に住めば取立ては来ないのですね。

でも、生活費がまたかかりますよね。

ＮＧ！何をクライエントに伝えたいのか不明である。

そうですね。別の所を借りたら、生活費はまた余分にかかりますからね。

Case 1 B

カウンセラー　クライエント

こんにちは。

こんにちは。弁護士のＢです。

実は、主人と離婚したいんです。というのは、借金の取立てが来るんですよ。朝も晩も、変なところから……。それで、ドアに張り紙とかしていくんですよ。「ふざけるな。この詐欺師!!」とか、「返せ」と大きな模造紙に大きく筆で書いたものを玄関に貼っていくんです。怖いんですよ。

だからもう離婚しようかなって。離婚したら来ないんですよね。

その、取立てとかがなかったら離婚する気はないんですか？

離婚原因を確認している。

そうそう。取立てがなければ別に離婚する必要はないんですけど。いろんな人に聞いたら、それは離婚するといいわよっていわれたんでね。子どもにも迷惑かかるし。

それだったら、今度旦那さんと一緒に来ていただいて、取立ての方を解決するという方がいいんじゃないですか？

> 「夫」と呼ぶ方がよい。
>
> このように債務整理で介入して、夫婦の今後のあり方を探る。探ってみて、やはり問題が債務整理のみにとどまらず、離婚の方向に話が進むこともある。
>
> この場合には、債務整理で既に夫から事件を受任している以上、妻から離婚について受任することはできないし、既に妻から相談を受けて家庭事情を聴き過ぎているので夫の立場で妻と離婚事件をたたかうこともできないことに注意する必要がある。

え!?そういうのもあるんですか!?主人と先生の所にくれば取立ては止むんですか？

債務整理という形で介入すれば離婚までする必要はないと思いますよ。

なるほど、わかりました。じゃあ今度主人と来ます。ありがとうございました。

Case 2 A

カウンセラー　クライエント

こんにちは。弁護士のBです。

私、主人と別れたいんです。

どうしてですか？

もう、ひどいんです。(目の周りをみせて)みてください。青いでしょ、殴られたんです。(腕をみせて)ひっかき傷もあるでしょ。足もみてください。ほら、ひどいでしょ。もう、痛いんですよ。すごい勢いで殴られたんです。もう許せないんですよ。殴られてすぐに相談に来たんです。だからもう離婚したいんです。暴力を振るわれたから。

ご主人は離婚したいと考えていますか？

> NG！「夫」と呼ぶ方がよい。
> 質問が早過ぎる。
> わざわざ傷をみせてまで被害を訴えているのである。
> 「痛々しいですね」と共感したうえで、なぜ夫が妻に暴力を振るったのか、どのような状況で暴力を振るったのかについて、まずは聴かなければならない。

主人は別れたいのか別れたくないのかわからないです。でももうすごい勢いで殴られて、死ぬかと思いましたから、恐怖感を感じたので、もう一緒には住めないです。

絶対離婚したいのですか？

NG！結論を急ぎ過ぎる。まずは共感して、話をしてもらうことが大切。

例：「死ぬほど怖い思いをされたのですね。あまりに怖かったので、もう一緒には住めないと感じておられるということですね。」

絶対離婚したいです。

お子さんはいらっしゃいますか？

います。小学校の２年生です。

あなたはお仕事はされていますか？

仕事はしていません。

離婚ということになると、その後は……。

そうですね……しばらくは実家に戻って、それから仕事を見つけようかと思っていますけど……。

ご両親の援助があるということですね。

うーん、まあ……そんなにお金を持っているわけではないんですけどね、父や母も。でもとにかくもう主人と一緒には住めないですね。

じゃあ、調停を起こすということになりますね。

NG！弁護士として、今後どのように進めていくかは、クライエントの話をよく聴いた後でなければ回答できない。調停を起こしたことでかえって拗れてしまい、解決が遠退いてしまうケースもある。

調停になるんですか？

ご主人と話し合いで離婚ができるのであれば、そういった形で進めていけると思うんですけど……。

NG！「夫」と呼ぶ方がよい。

なるほど……まあ、ちょっと……話し合いで離婚できるかわかりませんけど……。

ご主人に離婚の話をしたことはないのですか？

NG！「夫」と呼ぶ方がよい。

殴られてすぐに飛び出してきたので、主人はどのように思っているか、一切わかりません。

Case 2 B

カウンセラー　クライエント

こんにちは。弁護士のBです。

主人とすぐにでも離婚したいんです。顔をみていただければわかると思うんですが、(髪を上げて目の上をみせながら)黒くなっているでしょ。すごく痛いんです。(腕をみせながら)ここも青あざができているし。足もそうです。
殺されるかと思いましたけど。いまでも身体が震えています。
もう一緒には住めないです。こんなことするなんて。

いつ頃からですか？

NG！質問が早過ぎる。
わざわざ傷をみせてまで被害を訴えているのである。
まずは「痛々しいですね」と共感を示すこと。

今日、初めてです。

絶対に離婚したいのですか？

NG！質問が早過ぎる。結論を急ぎ過ぎる。
なぜ夫が妻に暴力を振るったのか、どのような状況で暴力を振るったのかについて、まずは聴かなければならない。

絶対に離婚したいです。許せないです、暴力を振るうなんて。

お子さんは？

子どもは小学校２年生なんです。

お子さんに対してはご主人は暴力は振るいませんか？

> NG！「夫」と呼ぶ方がよい。

子どもに対しては暴力は振るわないです。

そうしましたら、離婚の意思は固いということですね。

> NG！子どもに対して暴力を振るわない話が、なぜ「そうしましたら、離婚の意思は固い」とつながるのか、意味不明である。

はい。私は離婚したいです。

ご主人と話し合うことは可能ですか？

> NG！「夫」と呼ぶ方がよい。

もう、会いたくないです。顔もみたくないです。

お子さんはどうなさいますか？

子どもは私が育てます。

お子さんにとってはどんなお父さんなんですか？

> NG！「父親」と呼ぶ方がよい。

子どもに対してはよい父親です。

いま現在、お仕事は？

私は仕事はしていないです。

これから子どもをみていくとすればどのようなお考えですか？

いま、実家に子どもを預けているんです。殴られたので、すぐに子どもを連れて出てきてしまったんです。服などもそのまま置いてきてしまったので。

怪我されてますが、病院には行かれましたか？

行きました。診断書もあるし、レントゲンも撮ってあります。

それでは、離婚事件としてご依頼を受けて、調停から進めていくということにしますね。

お願いします。必ず離婚できますか？

まあ、暴力ですので……離婚はできると思いますよ。

NG！暴力があったからといって離婚できるとは限らない。
暴力の回数、程度、経緯などが問題となる。

Case 2 C

カウンセラー　クライエント

こんにちは。弁護士のBです。今日はどのようなご相談ですか？

とにかく、すぐにでも主人と別れたいんです。みてください顔を。黒くなっているでしょ。殴られたんです。腕も足もひどいんです。(それぞれをみせながら)痛いんです。ひどいです。死ぬかと思いました。いまでも思い出すと震えが来るくらいです。もう一緒に住めないです。

暴力は今回が初めてですか？

NG！質問が早過ぎる。まずは「共感」である。

今回が初めてです。暴力を振るうような人ではないんですけどね。

なぜ今回は暴力を振るったんですか？

開かれた質問であり、流れをつくれている。

子どものことでちょっともめたんです。

それはもめたというのは、子どもの育て方とか？

うまく誘導できている。

子どもがですね……あの……ちょっと言葉が遅いんですね。おまけに落ち着きもなくて……まあ……いろんな問題があるんですよ。それで、ちょっとおかしいなと思っていたので……病院に連れて行ったんですね。そしたらお医者さんが自閉症だっていうんですよ。それで、何度かそのお医者さんに行って特別な訓練もしなければならないというお話もあったので、これまで主人には何度も何度も自閉症の話をしてきたんですよ。でも主人は「そんなことはないだろう」と言うばかりで、聴いてもらえなかったんです。で、主人にわかってもらえないことをお医者さんに相談したところ、「ご主人を病院に連れてきなさい。私の方から説明しますから」と言われたので、主人を病院に連れて行ったんですよ。
お医者さんは、子どもが自閉症であることについて、結構長い時間をかけて主人に説明してくれたんです。

で、帰り道に私が「わかった？」って訊い

たんです。そしたら主人は「お前の育て方が悪いんだ。お前がそういうふうに育ててしまっただけで病気なんかじゃないだろう！」ってまた言うんですよ。
それで私が悲しくなって、つい主人に手を挙げてしまったんです。そしたらたまたまその手が……あの……子どもに当たっちゃったんですよ。子どもがいつものように落ち着きがなくて危ないので、主人が子どものことをだっこしていたんです。
そしたら急に主人が逆上して、私のことをものすごい勢いで殴ったんですよ。
それで、これじゃあもうやれないなと思って……離婚したいんです。

すると……旦那さんはお子さんに暴力を振るったと思って……それで……旦那さんもカッと来て……。

NG！「夫」と呼ぶ方がよい。

うーん……そうかもしれませんね……。でも私のことを殴ったこと自体がね。私はもう許せないんですね。いままでも全然わかってくれなかったし……。

NG！いきなりこのように返してしまうと、クライエントとしては話を聴いてもらえなかったという気持ちになってしまう。まずは、「そうなんですね。夫があなたを殴ったこと自体が許せないというお気持ちなんですね。」と返す。

確かにそうなんですけど、お子さんのことを考えているという面では一緒で……旦那さんも一応自閉症だとは聞いてはいたけれど……認めたくはないし……気が動転していたこともある……と思いますけど……。

NG！「夫」と呼ぶ方がよい。

あー……主人がね……。

それでまあ……奥さんが自分に手を挙げたならまだ我慢できたかもしれないけれど、お子さんに対して手を挙げたと思ってしまって……旦那さんはパニックになった感じで……だから、奥さんに対して暴力を振るうつもりではなかったような……いままで一回も暴力を振るうような人ではなかった？

NG！「夫」と呼ぶ方がよい。

それはなかったですけどね。

お子さんのことはかわいがっておられたのですよね。

はい。子どものことはかわいがっていました。

手を挙げた直後は旦那さんは謝ったりしたのですか？

NG！「夫」と呼ぶ方がよい。

いや、謝らないですね。

離婚が希望ですか？

NG！結論を急ぎ過ぎる。

はい、ちょっと怖いですし……まあ、主人が何を考えていたのかわからないですし……子どものことも自閉症のこともよく理解してくれないし……ちょっと難しいんじゃないかと思うんですよ。
理解してくれない父親と一緒にいるよりは、私一人で育てた方がね、気持ちが楽なんですよ。
わかってもらえない人を当てにして生活してるよりもね、もういない方がいいって感じなんですよ。

まあ、それはそうかもしれませんね……。お子さんは旦那さんになついていますか？

NG！「夫」と呼ぶ方がよい。

子どもは父親にもなついてますね。ただ、まあ、なついているんですけど、自閉症の子特有の動き方をするので、そのときには躾ということで、やっぱり……子どものことを強く叱ったりするんですよ。
だから、そういうのも私はね、まあ、どうなのかなって思うんですよ。だからもう、病気だからしょうがないのに、そうやってきつく叱ってね、子どもに悪い影響がないか心配してるんです。

今回病院に行ったことで、自閉症ということについてはお医者さんの方から聞いたわけですから、多少その辺の対応が変わってくるのかなって思うんですけど……。

離婚ではない可能性についても示唆している。

うーん、変わればいいんですけどね……。

自閉症ということですし……もしかしたらお子さんのためには、夫婦一緒に育てていく方がお子さんのためになる……とも思うんですけど……。

離婚が子どもに及ぼす影響について言及し、離婚しない選択肢についての自己決定を支援している。

……なるほどね……。

もちろん暴力のことは、結構傷が深いですし、生々しい傷もあるし……
今後もし、また自閉症ということでイライラして暴力が増えてしまうとすれば、不安だとは思いますし、その辺はやっぱりまず話し合って……ま、会うのも怖いとは思いますけれど……。

話し合ってもし気持ちが変わったりするのであれば……結婚も裁判所で決めてしたわけではないので、もし終わりにするにしても、できれば自分たちでよく話し合って決めるべきだと思いますけど……。

大変上手に聴けている。
同じケースであっても、聴き手がどのような質問を投げかけるかによって、答えは大きく違ってくる。
したがって、質問の仕方は、とても重要である。よい質問をしていくと、本人はどんどん話していく。そして問題の所在がどんどん明らかになっていく。

調停という法的手段にすぐに飛びつくのではなく、弁護士レベルで夫婦関係の調整ができないかをまず考える。本人たちの自己決定を支援するような形で、関わっていく。
簡単に離婚させるべきではない。
夫婦そして子どもの将来にも十分に配慮すること。

では、これからどうすればいいですか？

話し合うのが怖いとか、暴力を振るわれるのが怖いとかであったら、私の方から連絡しましょうか？

連絡して、話をしていただけますか？

はい。

ありがとうございます。ちょっと聞いてみてください、どんなこと考えているのか。

Case 3－1

カウンセラー　クライエント

こんにちは。弁護士のBです。

こんにちは。
私のことではなく、私の妹のことなんですが、もう結婚して30年くらいになるんでしょうかねえ。その夫がですね、私の義理の弟なんですがね、家を出て行っちゃったんですよ。そういうことで、まあ……離婚の手続を進めた方がいいんじゃないかと思っているんですが、それについてお尋ねしようと思って来たんです。
どんなふうになるんですかね、離婚の手続は？

夫婦以外の親族が相談に来るようなケースでは、クライエントの真意が何かに注意することが必要である。財産目当てだったりする場合も多い。

本件の場合は、兄は、妹の財産を分けてもらいたいということまでは考えていないだろうが、妹の老後の問題が出てきたときに、兄である自分が離婚した妹の老後をみなければならなくなることも予想され、そのときに、妹の財産が少ないと自分の財産を妹の世話に充てなければならなくなって困るぐらいのことは考えているかもしれない。妹は妹できちんと自分の老後の心配をしてほしいというのも、同じように年老いていく兄としては、当然の気持ちであろう。

まず、その前にですね、妹さん自身のお気持ちはどうなんですか？

妹ですか？
そうですね……妹はですね……まあ、帰りを待ちわびているんじゃないかと思うんですけどね……。
ただね……もうどこにいるかわからないんですよ。

いつ出て行かれたのですか？

えーっと、出て行ったのはね、もう２年くらい前になるんですよね。

それは何で出て行っちゃったんですか？

なぜ出て行ったのかについては、妹からももちろん聴取すべき事情ではあるが、兄から聴取すれば、妹とはまた違った観点からの理由が聴ける場合もある。

妹の夫はもともと出版会社に勤めていたんですよ。
それで……どうもその前にも韓国によく出張に行っていたんですけど……韓国で日本料理店を出すとかいって韓国の女性に出資していたみたいなんですよ。その女性と関係が切れたかどうかはわからないんですが、出版会社が韓国に子会社をつくることになって、そこに勤務することになったんですよ。それでそっちに行ったんです。どこに住むかもいわないで。その後「とにかく、自分はもう60歳だ、残りの人生で自分の夢を追いかけたい。だから別れてくれ」という手紙が向こうから来たんですよ。

手紙が来たんですか。

夫から手紙が来て「もう俺のことは忘れてくれ」と書いてあったことは、妹としてはあまり話したくないことであると推測されるため、兄から事前に情報を得ておくことには意味がある。

はい。夫の方からね。
妹は、夫とメールのやりとりはできるんで、メールで「帰って来て」とか一生懸命に書いて送ったみたいなんですけど、「もう俺のことは忘れてくれ」というような返事が来るんですよ。

韓国に移って、別れてくれという手紙が来てから２年経っているんですか？

そうです。

妹さんは一緒に韓国には行かなかったんですか？

妹にこの質問をすれば妹は、夫と一緒に韓国に行かなかったことを責められているように感じるかもしれないので、兄から事情聴取するのも悪くない。

そうですね。夫が韓国には１人で行きたいというので、１人で行ったんです。

お子さんはいらっしゃるんですか？

妹は離婚したくないので、親権が関係する子どものことも兄から事情聴取する方が聴きやすい。

子どもは２人いるんですよ。１人が大学を卒業して就職したばっかりです。上の子で長男です。そして長女はまだ大学の３年生です。

長男も長女も、「お父さん帰って来て」というメールを送っているみたいなんですけど、「君たちはもう20歳を過ぎたのだから、お父さんは自分の夢を追いかけたい」というようなメールが戻ってきているんです。

妹さんはお仕事はなさっていたんですか？

> 妹の生活能力についても、妹が訊かれれば、生活力がないので話しにくいかもしれない。兄から訊く方が聴きやすい。

いえ、ずっと専業主婦です。家にいるんです。

そうすると、いまの生活費はどうなさっているのですか？

> 妹の生活状況について訊いている。

生活費は、夫が月々振り込んでくるんですよ。25万円。
それはきちっと入っているんです。

それで、お兄さんは、この２人をみて、もう離婚手続を進めた方がいいと……。

> 兄がキーパーソンとなる可能性もあるので、兄の意向について訊いておくことも悪くない。

うーん……まあ、こういう状態でね……妹も、なんか毎日悲しそうにしているし、もう……まあ、お金がね……財産……いま、家の名義もね、夫名義なんですよ……。そういうのもね……名義もきちっとやんなきゃいけないよ、と……今後のこともあるからね……まあ、そういうことも妹には言っているんですよ。

妹さんの年齢は？

妹は58歳です。

……でも、妹さんは夫を待ちたいと仰っているのですね。

うーん……待ちたいっていってますね。

こういう問題はやっぱり、本人の意思が重要なので……

兄から事情聴取しているが、枠組設定をしておくことは大切である。

お兄さんがこうした方がいいと思っていることを、まず妹さんに話してみますか？

うん、親族で集まって話したこともあるんですね。みんな、親族としては……そんな……出て行っちゃったんだから……帰って来ないし……前にも韓国の女性との件もあったし、帰って来ないんじゃないかと……。

全然帰る気もないみたいなんですね。住所も教えないし……。このまんまほっといてもねえ……もう２年も経ってますから……ま、最初１年くらいであればね……。

丁度１年くらい経った頃に妹の夫が日本に出張で帰ってきたことがあったんですよ。そのときに私の方もね、まあ……出版会社の方にいつ出張で日本に戻るかを聞いて、ちょっと本人を捕まえて、話したことがあるんですよ。妹は抜きで、私と夫本人とで。

「妹がかわいそうだ。帰ってくるのをずっと待っているし、子どもの結婚もこれからあるという時に、片親じゃあかわいそうだろう。だから、自分の夢を追っかけるのもいいけれど、それは別に籍を抜かなくてもできることなんじゃないか」と1時間くらい話したことがあるんですよ。
でももうとにかく「自分はやりたいことがあるんだ」の一点張りなんですね。うん。そのときには家も全部妹の方にやる、と。

家はもうローンを払い終わっているし、それなりの財産なんですよ。たぶん5,000万円くらいにはなるんじゃないですかね。家だけでも資産価値としてはね。それも妹に全部やるというようなことを言っていたんです。

従前の夫と兄との交渉経過が明らかにされている。
このような情報も妹からは得られない重要な情報である。

ところが、ここに来て……新しい事業でうまくいっていないのかどうかわかりませんが、毎月の入金についても、いままで25万ずつだったけれど、子どもが成人したからもうそんなに要らないだろう、と。長男も就職したし15万円にしてくれ、といってきたらしいんですね。
だからこのまま離婚しないと、いまなら家も全部もらえそうかもしれないけど、もしかしたら家ももらえないかもしれないし、そういうふうに妹のことが心配なんですよ。
妹にこの問題を話しても、「考えたくない。私は夫のことを待ってる」とそればかりいっていて、あんまり現実的に物事を考えられていないんですよ。
だから私の方でね、妹の代わりに、こういうのをきちんとしてやんなきゃいけないかな、って思ってやってるんですけどね。

離婚しないことのデメリットについても、妹から事情聴取するのは難しいので、兄からの情報提供は有益である。

兄からみた妹のスタンスを知っておくことも重要である。

確かにいまの状態で、連絡もろくにとれないような状態で、送金がなくなっちゃたりしたら困りますよね。いま、例えば離婚するとして連絡はとれるんですか？

離婚調停や離婚訴訟などの法的手続をとるには、送達先の情報も不可欠である。

いまは、だから……どうなんでしょうね……メールを送ったりして、送り返してくることもあるみたいなんですけど……送り返してこないこともあるみたいですよ。どこに住んでるかわからないんですよ。

うーん……メールで離婚はちょっと難しいですよ。慰謝料だとか、財産分与だとか、いろいろな問題がありますからね。財産も家がありますし。

あと貯金がありますね。貯金については、あまりはっきりは把握していませんが1,000万円くらいはあると思いますけどね。その貯金も、最初はすべて置いていくなんていっていたのが、最近になって、500万ずつにしてくれないかとか、家を渡すから貯金は自分に全額よこしてくれないかとか、メールでお金の話はしてくるみたいです。だから、韓国の日本料理店の話じゃないけど、またお金を何かに投資しているんじゃないかなと思うんですけど。

財産分与の情報も、兄からの方が訊きやすい。

ま、妹さんの意思は置いておいて、客観的にみると、離婚した方がいいかもしれないですね。

ＮＧ！妹が紛争当事者であるのに、その当事者である妹の意思から外れて妹が離婚した方がよいとか離婚しない方がよいとかを議論しても全くナンセンスである。

そうですね……これは今後どうしたらいいんですかね……こういうのは……。

離婚の話をしたいからということで、日本に一度来てもらうのはどうですか？

そうですね。離婚の話をしたいからといえば、日本に来るかもしれませんね。向こうは離婚したいの一点張りですからね。

やっぱり、会ってみて話し合わないと、もらえるものももらえなくなってしまうかもしれないんで……。

NG！会ってみて話し合うことと、財産分与がきちんと履行されることとは別問題である。

ただ、まあ、けっこう平行線だとは思いますけどね。妹は離婚したくない。彼は離婚したいというような状況ですからね。

じゃあ、一度妹さんにも来てもらいましょうか？

あ、そうですね。連れてこないとダメですよね。

それでまた、いろいろと相談しましょう。

そうですね。わかりました。

Case 3－2

カウンセラー　クライエント

こんにちは。今日は兄と一緒に来たんですけど、あの……先生にお会いするようにいわれて。

妹さんは離婚したくないのですよね。

妹は、兄に連れられて事務所に来ており、弁護士からは離婚を説得されると警戒している。
その警戒を解くためにも、まずは妹の「離婚したくない」との意思については聴いて知っていることを伝えて安心させている。

そうですね、私は夫を待っていたいんです。

でも、旦那さんは離婚したくて、あなたの周りのご兄弟も別れた方がいいといっているんですよね。

ここでは、妹は離婚したくないので、「旦那さん」と呼んでもよい。

そうですね。

妹さんとしては別れたくはないし、離婚されるような原因はないのでしょ？

このように妹の気持ちに寄り添うような訊き方で事実の確認を始める。

私はないと思うんです。ずっと主人を支えてきましたし……食事とか、身の回りの世話とか……まあ、主人にしてみればつまらない女かもしれませんが……一生懸命やってきたんです……。

２人の子どもを育ててきたし、でも私もね……子育てしている間はね、あまり楽しいこともできないし、せめて子どもが大きくなれば、また主人と２人で、あちこち出かけたりとかしたいと思ってたんですよ。

主人はいつも私を趣味のない女だっていってましたけど、私も趣味がなくなったのは、趣味がやりたくなくなったんじゃなくて、大変だったんですよ。主人が会社人間だったから……私１人で子育てしてきましたから。

いよいよ子どもが育って、急に自分だけやりたいことがあるからって、「お前もやりたいことやりなさい」っていわれても、私は老後は主人と一緒にやりたいことがあったんですよ。急にいなくなって、「好きに生きていけばいい」といわれても、私は主人がいない状況でやりたいことは何もないんです。

まあ、奥さんの方には、責任というか、離婚の原因がなく、離婚したくないというのであれば、離婚しなくていいんじゃないかと思いますよ。裁判でも離婚されるということはないはずですから。

NG！結論を急ぎ過ぎている。

私が嫌だといえば離婚しなくて済むんですね。

そうですね。

じゃあ私はそうしたいわ。お兄さん、私は離婚したくないわ。お兄さんが一生懸命なのはわかるけど……離婚しなくてもいいんですよね、先生。

そうですね。

じゃあもういいんじゃないですか。離婚しないでこのままほっといても。

ただ、ほっといても解決にはならないですよね。

いずれにせよ、離婚するとか、法的手段をとるとかの結論を急がないことは大切である。

借金の問題、暴力を振るった動機・状況など、事情を聴き取ることが大切であったように、本件でも、別居状態について、もう少し事情を聴き取ることが大切である。

場合によっては、夫の住所地について調査会社の調査を入れるのもよいだろう。そこから夫の韓国での生活状況がわかり、その後の方針決定に役立つことも考えられる。
夫について気にしている妻の悩みに応えてあげるには、夫の情報を取得することが役に立つ。女性の影がないなら、気丈に待てるかもしれない。
さらに、家族の近況報告や待ちわびている気持ちのメールをどんどん送ることも夫婦関係の回復に役立つ。

あぁ、解決にならない……彼が帰ってくるために何か法律的な方法があるんですか？

3 相手方交渉

Case 1 A

カウンセラー　相　手　方

もしもし、Ａさんですか？

はい。

私、弁護士のＢと申します。Ａさんの奥様のご依頼でお電話しております。

あ、はい。

今回、離婚する条件として300万円を奥様にお支払いなさるとのご提案をなさったとのことですが、奥様としては今後の生活のためにも、1,000万円はもらいたいということなのですが、

> ＮＧ！「２人が別れる際に、夫が夫としてきちんと責任をとることは素晴らしいことである」という話（カウンセリング）をする。

1,000万円は用意できませんか？

> ＮＧ！金額の交渉をするときには、まずは違う話で交渉をする。すぐには金額の話を切り出さないこと。
> 「お金の話にはならない」とか、「お金の話をするつもりはありません」といってみる。
>
> 本件の場合も、次のように攻略するとよい。
>
> 例：「すみません、弁護士のＢと申します。先日、奥様が事務所に相談に来られて、一度はお金の話にもなりかけたけれど、『やっぱりもう離婚をすることはやめた、訴訟で徹底してたたかう』との話でした。
> 今後の見通しとしては、これから裁判になって、裁判が終わるまではまだまだ２、３年はかかると思います。
> また、あなたは有責配偶者ということになりますので、現在の裁判所の考え方によれば、裁判でも奥様が勝つことになると思います。
> つまり、このままだと離婚はできないということです。」

いやあ、難しいですよ。もう、300が限界ですよ。
僕も貯金もあんまりなくて、300というのも、今度新しいマンションを買うということで勤務先に話をして、300万円を融資してもらうんですね。だから、まあ……それをそっくりそのまま渡すということなので、それ以上はちょっと無理なんです。

この条件には応じられないということになると、奥様としても……離婚に踏み切る意思が……なかなか踏み出せないのですが、その辺はいかがですか？

条件さえ合えば離婚するという話であれば、条件闘争にしかならない。
条件がどうであろうとも離婚しないという話にしてはじめて、交渉を有利に進めることができる。

うーん、まあ……金額の問題ということもあるんですが、実際問題としてちょっとお金がないんで、それしかできないんですよ。妻にもよくそのことは話したんですけどね。

奥様は今後の生活のためにもできるだけお金がないと……。

「2人が別れる際に、夫が夫としてきちんと責任をとることは素晴らしいことである」という話（カウンセリング）をする。

Case 1 B

カウンセラー　相　手　方

もしもし、Aさんですか？

はい。

私、Aさんの奥様の代理人の弁護士のBと申します。

あららら。はいはい、はい。

離婚の条件の話をさせていただいていいですか？

NG！お金の話を切り出してしまっている。

あ、条件ですか、はい。妻にはもう伝えてあるんですが……。

300万円ですか？

はい、300万円なんです。でも、全然少ないとか、どうのこうのと言われてしまって……。

300万円では応じられないとのことなんですけど……いま、貯金はどのくらいおありですか？

貯金は……まあ、100万円くらいありますね。あと、今回の300万円は家を買うという名目でお金を勤務先から借りて渡そうと思っているんですよ。

奥様はこれから自分で生活をしていかなければいけないということになるので、あと、これまで夫婦で協力して家庭を築いてきたということに対しても、奥様の負担ということを考えても、もっともらいたいなという気持ちだと思うんですが。これは分割ではもっと払えるんじゃないですか？

NG！相手方を攻撃的に責めても逆効果である。

うーん、分割ということですか……まあ、分割だとできないわけではないですよね。でも1,000万円というのは、ちょっと金額的には無理だと思うんですよ。あと700万円ですよね。分割といってもかなり長くなりますよね。

他に借りられるところとか、ないんですか？

NG！相手方に利益でも不利益でもないので、説得材料にはならない。

他に借りられるところはないんです。

他に財産はないんですか？家は？

家はいま妻と２人でローンを支払っている最中です。この家を妻に渡そうと考えているんですよ。もちろんローンは残っていますが……。

ローンの支払という面も含めて考えてみたらどうですか、家をもらったといっても、まだまだローンが残っているわけですから。ローンが払えないと、こちらとしても住む場所も決まらないので、離婚せずに旦那さんにこれからもローンを払ってもらっていくということになると思うんですけど。家はローンはあとどのくらい残っているんですか？

あと20年くらい残ってます。

金額にしてどのくらいですか？

あと3,000万円くらい残ってます。

そうなると、3,000万円を1,000万円で終えてしまうということなので、その3,000万円を２人で払っていくよりは、1,000万円で手は打てませんかね？

半分の1,500万円払うよりも500万円少ない1,000万円で済むという利点を伝えており、有効である。

うーん……そうですよね……。

第3節　遺産分割事件

1 遺産分割事件の特性

遺産分割の場合には、弁護士の所にクライエントが来訪した時点で、既に紛争が相当に拗れてしまっている場合が多い。

というよりはむしろ、既に相当に拗れてしまっていながらかろうじて潜在化していた紛争が、遺産分割という闘争の場が与えられたことにより一気に顕在化する、といった方が適切かもしれない。

遺産分割事件は紛争類型も多岐にわたり、しかも紛争の根が深いことが多い。生前の親の愛の争奪戦が、親の死後になってから遺産分割という形をとって再燃することもある。

よくみられる紛争類型としては、下記の4つが挙げられる。

①先妻の子vs後妻（不倫清算型）

②長男vs弟妹（家父長制度維持型）

③兄vs弟（カインコンプレックス型）

④兄弟vs姉妹（実家財産散逸防止型）

これらの紛争は、必ずしも遺産分割の形をとって現れるとは限らず、貸金返還や不当利得返還請求などという形となって現れてくることもある。

紛争の根が深いため、弁護士がカウンセリング的に心情を一生懸命に聴いたところで、そう簡単には傷は癒えない。

カウンセリング的に心情を聴くことも重要であるが、法律はかかる心情を解決できないということ、すなわち法的手段によって実現できる限界を明確に示して理解を求め、法的紛争を長期化させないことによる精神的・経済的なメリットを説明したうえで、ある程度心情的なところは割り切らざるを得ないし、またそれが得策であることを明確に伝えて、クライエントに自覚を促すこと。すなわち、枠組を設定すること。これは、初回相談から行うべきことであろう。

2 遺産分割事件

Case 1 A

カウンセラー　クライエント

こんにちは。よろしくお願いします。

あの……父が亡くなったんですね。父は母と離婚しまして……私が小学校２年生の時なんですけど……離婚してすぐ、父は離婚前から付き合っていた女性と再婚したんですね。

そして父は木更津の方に住んでいたんですけど……母は、ずっとそれから苦労して、私たち姉弟５人を育ててくれたんです。

それで、今回、父が亡くなったということで、葬式に行ったんですよ。私たちは当然、子どもですから……相続権がありますよね、先生……。

まあ、父の財産についての話があるのかなぁ……と。

でも、全然話がないんですよ。それでちょっと私たちも……ねえ……まあ、父のことだから……何か遺言があるかな……とかね……父の財産がどのくらいあるかもわからないんですよ。

それでまあ……すぐにその……相続の話とかをね……出すのもちょっと失礼かなと思って黙ってたんですけど……ただもう四十九日も過ぎたのでちょっと電話してみたんですね……。

そしたら後妻の人なんですけどね……私たちも小さい時からよく知ってる人なんですけど……その後妻が「そんなの貯金なんか

ないわよ！」って……「１人当たり50万円なら払ってあげる」って言うんですよ。でも、お金もいくらあるのかわからないし……貯金通帳も全然みせてもらえないし……それで家もあるみたいなんだけど……どうなっているかわからないし……。
だから……私たちは別に……余分にほしいとかいってるんじゃなくて、法律的にある権利の分だけもらえればそれでいいんですよ。何がどうのこうのっていうわけではないんだけれど、法律的に保障されている権利ってありますよね……私たちはそれがほしいだけなんですけれども……。全然財産もわからないし、オープンにしてもらえないし……そういうことなんですよ。

だから、どうしたらいいのかと思って、相談に来たんですけど……。

財産を教えてくださらない……。

事実関係をもっと話してもらうために、最低限のオウム返しをしており、流れを遮っていない。

まあ……、「お父さんの財産は私たちの物よ」って、そういうふうな感じで、「プライバシーがあるからね、教える必要がない」とか、そういうふうに言われるんですよ。教えてくれないんですよ。

お父さんのお家とかは、住んでいたお家がある？

質問ではあるが、遺産分割事件では不動産が大きな財産となるケースがほとんどなので、早めに質問してもよい。

そうです。父と後妻さんとお子さんとで住んでて……ま、その家も、結構建て替えたりして立派な家なんですよね……。ただもうそこは住んでるから、売るとかいうことはできないとか……まあそういうふうにいっているんですよ。
家が売れないんだったら、せめて……あの……現金でね……家だっていくらだとか、まあ、わかるわけだから……お金で払ってもらってもいいと思っているんですよ。お金はないし、家は売れないし……そういう話なんですね。

貯金とかもあるんですか？

このあたりの訊き方もよい。

全然わからないんですね。
ただ、あそこは木更津で、父は漁師で漁業をやっていたんですよ。だから漁業権なんかもあったと思いますよ。それなりに儲かっていたという話も聞きますし、アクアラインが開通した時に浅蜊の漁業権がなくなるということで保証金を2,000万円くらいもらったとか、そういう話もちらほら聞いているんですよ。
そういうお金も、もうだいぶ前ですけど、もらっているはずなんですよね。まあ、家を建て替えてるから、お金もあったのかなと思うんですよね。

後妻さんにはお子さんはいらっしゃるのですか？

相続人の確定もしておく必要があるので、よい。

２人いるんです。財産を隠しているみたいなんですけど、財産はオープンにしてもらえるんでしょうかね？

そうですね、まずは聞いてみて……。

向こうに聞いてみても向こうは出してこないと思うんですけど……。

教えてくれなさそうなんですか……。

オウム返しをしながら、さらに情報を得ている。

はい。貯金通帳もみせてくれとこれまで何度もいっているんですけど、「全部使っちゃったからない」って、それだけなんですよ。

……ただまあ、権利はありますので、財産の方を明らかにしてもらって、それから具体的にどれくらいかという話になるんですけれども、まず、確認しないことにはわからないですからね……。

これって、どのくらいこの手続に時間がかかるのですか？
先生にお願いしてから解決するまでに……。

相手の方との交渉があると思うんですけど……２か月くらい……。

NG！ ２か月では終わらない。遺産分割事件は、解決まで短くても１年はかかり、長引けば数年かかることもある。

２か月くらいですか……２か月くらいで終わるんですか？

そう思います。

確認して分けるので、そんな早く終わるんですか？

まあ、すんなりいけば……。

Case 1 B

カウンセラー　クライエント

こんにちは。よろしくお願いします。
あの……父が亡くなったんです。

あぁ、そうなの……。

はい。そして、父は母と離婚しておりまして……私が小学校２年生の時なんですけど……

あなたはまだ小さかったのに……辛かったでしょうね。

「感情の反映」ができている。

はい。でも、私たちには……相続権がありますよね。

はい。ありますよ。

そしたらそれをきちんとしたいと思ってるんですね。

そうですよね、きちんとしないとね。

「オウム返し」ができている。

でも、相手の方が、「お金がない」と……。

ほうほう。

「相槌」に変化を持たせている。

それで貯金通帳なんかもみせてくれなくて……。

あーなるほどね。

「相槌」に変化を持たせている。

それで困ってるんです。

うんうん。なるほどね……

「相槌」に変化を持たせている。

うーん、おそらくその……向こうの後妻さんの立場からするとね……あのー……まあ、あなたの方からみれば、お父さんをとられたということでね、非常にひどい女というか……うん……そういうふうなイメージだと思うんですよね……。

不倫清算型である。共感。

ただその……相続についても明らかにしないというのもね……ちょっとこう視点を変えてみて……後妻の方からすればね……一応その、ちゃんと籍も入れて……ずっとそのあと、あなたが小さい頃から長い間生活したと……ま、すっかりあなたたちのことについてはね、もう忘れているというかね……そういうふうな状態だったと思うんですよ。で、相続が起きて、突然その……前の子どもからね……そういうふうな請求が来たので……ちょっとこう……自分たちの財産みたいな感じで思っているからね……。

第1章第3節の1「図と地」で説明したように、クライエントの立場からみえる紛争の形「図」と、相手方の立場からみえる紛争の形「地」の両方がある。「地」についてもクライエントにみせることでクライエントの紛争の見方も変わってくる。

だからおそらくそういうふうな対応になるんじゃないかと思うんですけどね……。

ただまあ法律的にはね、お互いにそのような感情的なところで……非常にしこりがある……お互いにあると思うんだけれど……。とにかくそういう感情的なものはとりあえず、さて置いてね……あの……分けるものはきちっと分けるという方向でやってくのが一番いいと思うんですよね、うんうん。

枠組設定をこのように最初にきちんとやっておくことは遺産分割事件においては極めて重要である。

……だから、その、何か交渉するとかいってもね……向こうは向こうでこれまでの生活とかいままでのものがあるからね……なかなか「お願いします」、「見せましょう」というような話にはならないから、すぐに裁判を起こして、遺産分割調停を起こして、それで裁判所の手続を借りて、どんどん資産状況を明らかにするように、むしろ裁判所からいってもらうようにしないと無理だと思うんですよね。

これは時間はどのくらいかかるんですか？

あのー……遺産分割についてはね……短くなるか長くなるかというのはあなた次第。うん……向こうは財産を持ってるわけでしょ？向こうが財産を持っているということはあなたからみえないわけでしょ？
そうすると、本当に財産の範囲はここまでなのかどうかということがわからないから、疑り始めたらキリがないんですよ。だから……「他にもあるんじゃないか」っていうことでどんどん調査を入れていったり、あるいは向こうに対して「もっと出せもっと出せ」といったりすると、なかなか紛争としては終わらないんですよ。

だから……まあ……隠しているかもしれないけれど……とりあえず裁判所の調停で出させて、その範囲で出てきたところでもう「こんなもんだ！」ということで、ある程度それ以上は、もし隠していたとしても「仕方がない！」ということでね、ある程度……例えばタンスの中に1,000万円入っていればね、それはもう出てこないから……銀行口座にあれば、それは裁判所の照会で出てくるかもしれないけど……ある程度で納得して進まないと時間はかかりますね。

枠組設定を最初にきちんとしておけば、裁判所の手続に過度の期待を抱くこともない。
また、事件の進行に伴い、クライエントが裁判所の手続に過度の期待を抱き始めた場合でも、最初の話を思い出させて再確認させることを通じて、設定された枠組の中に戻るように説得することができる。

一番大事なことはね……あなたがいまやろうとしている問題というのは、財産を分けるということのようにみえてはいるけれども、やっぱりあなたの中ですごい辛い出来事があったわけでしょ……。これをこの紛争で……あなたは精算したいと思っているんだよね……うん、深いところではね……。そこであんまり感情的なものが出てきてしまうとね……あの、何年でもかかります。これはね、5年でも10年でもかかりますよ。

だから、本当に解決したいのであれば……もうお互いに感情的なものはね……あの……お互いに理解し得ないわけだし……あなたの傷ついた状態というのはね……それはそれでもう……残ってね……何かこのことをやることによって癒えてくるというわけではないから……うん……。
この手続をやることによってね……敵討ちができるというわけでもないから……だから……もらうものをね、とりあえず向こうに出せるものを出させて、ある程度……感情を押し殺してね……淡々と法律的な観点から手続を進めれば早く終わります。

クライエントの思いにまずは共感するが、枠組を設定しないままどんどん共感的に聴いていくと、クライエントは、弁護士が話を聴いてくれると思うので、どんどん話し出す。
しかし、クライエントはいつまでたっても同じ話を何度もするので、弁護士としては途中で話を聴けなくなる。
するとクライエントは「弁護士は最初はよく話を聴いてくれたのに、最近、聴いてくれなくなった」との不満を抱く。
だから弁護士としてのスタンス、紛争解決のスタンスを最初にきちんと明示し、共感しつつも基本的なスタンスに戻れるように、枠組をつくっておくことが重要である。

このように枠組をつくっておけば、本人は心の中の整理が一応はできているので、感情的になった後でも「でも先生、そうですよね。最初のご相談のときに先生に感情的になってはいけないといわれたんですけど、また私、感情的になってますよね」という具合に、自らが「気付き」を起こすことができる。

ただ、なかなかね……いつも最初にこういう話をするんだけど……結構ねえ……長引くケースは多いですね。やってるとね……。やっぱりどんどんいろんな昔のことなど思い出したりして、辛くなってくるから……なかなか引けなくなってくるんですよ。最初によくよくお話ししておきたいんだけど、そういう感情的なものをね、ある程度押さえながらやっていくっていうことが、こういう紛争を解決するポイントですかね……。

枠組設定を行っている。

……わかりました。

わかった？まあ、いまわかっていてもなかなかうまくいかないんだよね。

（笑い）

カッカカッカくるからね～。

共感。

そうですよね～（笑い）。

調停にいって相手に会えばさあ……いろんなことを思い出すしね……もう５年や10年の話じゃないでしょ？あなたも50歳になっちゃったけどね……だって小学校２年生からでしょ？そうすると……８歳の頃からさ、40年も引きずってる問題でしょ？それはね……うん……一言一言がね……いろんなことを思い出したりとかね……やっぱり涙も出てきちゃうしね……なかなか難しいですよ。

共感。

それを何か裁判所の方で……解決してくれるかっていうと……そうじゃないからね。期待しない方がいいですよね。法律は無力ですからそんなことはできない。

枠組設定を行っている。

ただあの向こうが財産を隠しているとすれば、それはそれで……なんというかな……まあ……それだけの人だからね……

もともとそういう人なんだから、うまく裁判所をごまかして財産を隠してね……遺産分割をやりおおせたというと向こうは思うかもしれないけれど……。まあ、神様じゃないからわからないでしょ、何があるかってね、だから、ある程度はね、割り切ってやってくっていうかね……というふうにしないと心も体も疲れちゃうし……と思うんですよね。
早く終わればね、それはそれでまあ……1つの区切りとして……お父さんが亡くなったことについてのけじめとして終えて、次のステップに行けるから……うん。

（気持ちを整理するように）ある程度割り切って！

うん、それが大事かな！何度も今日の話を思い出してください。

はい。

それでは、早速手続を進めますので、今後いろいろ資料を持って事務所に来てください。

はい。ありがとうございました。

Case 2

カウンセラー　クライエント

弁護士のBです。

よろしくお願いします。

今日はどのようなご相談でしょうか？

私はいま、母と住んでるんです。父が他界したんですけど､父の遺言書がありまして、横浜の家は私がもらったんですね。そして小田原にも家がありまして、これは母が退職金で買った家なんですが、この家は、母が持分２分の１、父が２分の１だったんです。その２分の１を兄がもらったんです。

カインコンプレックス型である。兄にとっては、小田原の家は、ただの財産ではない。親から分け与えられた愛情の具象のような意味を持っている。

それで、兄は小田原の家に、母と兄嫁とで一緒に住んでいたんですけど、兄はその嫁と離婚しましてね。
その後、再婚して、そのまま小田原の家に再婚した新しい嫁と住んでいたんですけど、前の嫁が近所でも評判のよい人だったので、近所がうるさくてね。小田原には住めなくなって兄夫婦は出てったんですよ。
でも、兄は布団のセールス業をやってたみたいなんですけど、いま、その家に、布団がいっぱい入っているんです。
母は、兄が小田原の家を出て行った時から私が引き取りまして、私が母の面倒をみることになったのです。もう母は88歳ですけど、まだ頭はしっかりしています。それで母はいまは、私と一緒に住んでいるという状況なんです。

それで、先生、私の希望としては、小田原の家は父が残してくれた財産なので、あんなふうに無駄に倉庫になってしまっているのは父の遺志に反すると思うんです。できれば私があの家を相続して管理したいんです。そういうことで先生にお願いしたいんです。

弟は、兄に対するコンプレックスではなく、父の遺志という大義名分を持ち出している。

小田原の所有権はもともとお母さんとお父さんで２分の１ずつだったのでしょ？

そうです。

そしていまはお母さんとお兄さんで２分の１ずつなんですね。

そうです。ただ、兄は、玄関の鍵を換えてしまったので、母は一切入れないんですよ。母は持分があるのにその家に入れないんです。母が退職金で買った家なのにかわいそうだと思うんですよ。私がきちんと受け継いで管理したいと思うんですよ。有効利用ということでしょうかね。

弟は、兄に対するコンプレックスではなく、母がかわいそうだという大義名分を持ち出している。

全部あなたが受け継ぎたいということでしょうか？

そうです。母は２分の１の持分については、「お前にやるよ」って言ってくれているんですよ。「世話になってるし」ってね。
でも、兄の分が残ってしまうでしょ。だから兄の分も私がもらって、母からも将来持分を相続して、私が横浜と小田原と両方管理すればいいと思うんです。
兄の分について何か裁判でできるんでしょうか？

一応、お兄さんの分は、遺言書で有効に取得したものですから、有効利用していないからといって、お兄さんにも権利はありますから……うーん……でもお母さんにも２分の１の権利がありますから、お兄さんとの話し合いで全然解決がつかないようでしたら、共有物の分割をすることがよいかもしれませんね。

なるほど。

兄の持分がほしいという要求は、そのままでは訴訟で請求できない要求であるが、何らかの請求を工夫して立てて裁判所で話をするようにしなければ、紛争の解決を先送りするだけである。

いったん相談を受けたら、なんとか自分の所でその紛争を解決しようとすることが大切である。

第４節　子どもの悩み事相談

子どもは未完成な存在ではなく、今この時点において完成した存在である。だから、子どもの現時点での感情、主体性、自己決定権を尊重することが何よりも重要である。

Case 1 A

カウンセラー　クライエント

こんにちは。

こんにちは。

息子がどうもいじめに遭っているみたいなんですよ。
きっかけですが、息子が学校を休んだ時に、お友達が３人くらい家まで遊びに来たんですけどね。息子はどういうわけか「会わない」っていって出て行かないんですよ。せっかくお友達が家まで来てくれたのにどうしちゃったのかなぁ、と思ってたんですね。
仕方がないのでお友達に「具合が悪いので会えないのよ、ごめんなさいね」と言って、玄関の扉を閉めたのですが、その後、外でその子たちの声が聞こえたんですよ。

どういう声かといいますとね……うちの子は達也っていうんですけど……「達也！お前ふざけんじゃねえぞ！貸したもの返せよな！」って……。なんかそんな声が聞こえたんですよ。
その言い方が、とっても汚い言い方だったので、いったい達也は何を借りてるのかしらと思って、達也にちょっと聞いたんですけど……そしたら、借りてはいないんだけど借りたということで「返せ、返せ」っていわれているらしいんですよ。
うちの子はあまり話したがらないんで、事情はよくはわからないんですが、だいたいそういうことらしいんですよ。

お子さんは小学生ですか？

中学１年生です。

返せといわれているのは何なのですか？

息子ははっきりはいわないんですが、なんか、ゲームのカードを売りつけられているようなことをいってましたね……。本当はそんな高くないのに、高い値段で「買えよ」とか言われて、無理矢理に買わされて……。「２万円だからな、いまお金ないなら、貸しておいてやるよ」みたいな感じで……。

お子さんが学校を休まれたのはその日だけですか？

その日はもちろん熱があるから休ませたのですけど、それまでは、行きたくないとか、学校で問題があるとかは一切聞いてないんですよ。
私も、まさかそんなことがあるなんて全然思ってなかったんです……。

カードを売りつけた相手は、家に来た３人ですか？

いきなり矢継ぎ早に質問をするのではなく、まずはクライエントの話を簡単に要約して返してあげるのがよい。これにより、話をしっかり聴いてもらったという安心感がクライエントに生まれる。

そうだと思うんですけど……はっきりしません。

そのほかに何かいじめられている様子はありますか？

うーん……何か……そうですね……制服がちょっと汚れていたりすることがありますね。帰ってきたときに制服がドロドロだったりして、「何でこんなに汚れているの？」って聞いたら、「転んだから」とか答えるんですけど……すごい泥がついていたり、ものすごい汚れ方をしていたので……そんなことが何回かありましたね。
だから……もしかしたら……いじめられていたのかもしれないな、って思うんですけどね。

それは最近のことですか？

もうだいぶ長い間です。そんなことが中学に入ってから半年くらい続いていますね。これって先生にお願いすれば何か調査をしていただけるのですか？

うーん……まず……お子さん本人と話をして、どういう事情があったのかについて詳しく話を聴いたうえで対処をするということになると思います。事実関係をご本人から聴いて、もしいじめの事実があると思われるのであれば、いじめている子とか両親とか学校側とかと話をしていくことになると思います。

NG！母親からの調査依頼にすぐに応じてしまっている。弁護士が子どもの居場所に介入することは慎重でなければならない。子どもが居場所を失わないように、最大限の配慮を要する。

ここではクライエントからの「何か調査をしていただけるのですか？」との質問に対しては、「何か調査をすることがご希望なのですね。」と返して、もう少し事情を掘り下げて聴き、母親の心配にも十分に共感した後で、枠組設定を行うことになる。

なるほどね。じゃあ、先生に息子と会っていただくという形になるのですね。

はい。お会いして直接お話を聞くことになります。

わかりました。それでは今日はもうこれで、話はあまりできない感じですか？

お母様としてはどういうふうにされたいとお考えですか？

NG！母の考えと子どもの考えが同じでない場合も多い。
母の考えを訊ねるということは、母の考えで事件を進めるというメッセージとなってしまう。子どもの事件の主人公は、あくまで子ども本人であることを忘れてはいけない。

どうも子どもの間では、お金の貸し借りがあったということになっているということなんですが、その点がはっきりしないので、はっきりさせたいんです。実際どういうことがあったのか……。もちろん子どもから話を聴くということもあると思うんですが、うちの息子はあまり話したがらないんで、おそらく話をしないと思うんです。

だから、相手の親に先生から……書面か何かを送ってもらって、お金を貸したかどうかという事実関係をはっきりさせてもらいたいんです。そういう形で、先生の方で、もっと強硬な手段をとってもらいたいんですよ……。
で……まあ……そこで出てこいということで……話をしろという形で、話をするとかね……あと、学校の先生にも話してもらって、問題点についてはっきりとさせてやりたいんですよね。そういうのはしていただけないんですか？

お金の貸し借りについてはっきりさせたい……。

そう。結構重大なことだと思うんですよ。子どもが２万円もの大金を……実際に何が起こってるかわからないし、今回たまたま発覚したけれど、どのくらいの期間そういうことがやられてたのかについても、はっきりしないんですね。それを親として放置しておくというのはどうかな、と。

母の意見を求められたので母はどんどん意見を述べるという流れができてしまっている。こうなると、後で子どもの意見を優先させる方向へ転換することが難しくなる。

もし……あの……恐喝みたいなことがあればね……それなりに警察に……告訴とか、そういうものもすべきだと思うんです。やっぱり学校内であったとしても、中学１年生だとしてもね、そういう犯罪的なことはやってはいけないということを親も学校も子どもに教えなければいけないんじゃないかと。うやむやにしてはいけないと思うんですよ。子どもにとっても、間違っていることは間違っていることと、はっきりとさせることが大切だと……。

でも……相手方といっても、犯人が特定されているわけではないですよね。

ただ、まあ、家に来た３人についてはわかるので、とっかかりとしては……。「貸したもの返せよ」と言っているわけですからね……。
だから……そこは３人でグルになって息子のことをギュウギュウやってるんじゃないかと思うんですよ。

まあ､いけないことはいけないということで､はっきりとさせるということは、もちろん大事なことだと思うんですが、これで私が法律的に介入していく形になると、いろんな意味で大事になると思うんですね。
そのときのお子さんの立場というものも考えながらやっていかないとなかなか難しいと思うんですよ。学校側がしっかりと対応していただかないと逆にお子さんが辛い目に遭うということもあるので、そのあたりは慎重に対応していかないといけないと思うんです。

枠組設定を行っている。

そういう意味でも、どういう事実があったのかについて息子さんから聴いて、そこから動いていくというのが一番大切かなと思うんです。

子どもからの聴き取りがスタートラインであることを伝えているが、これがなかなか難しい。

息子から聴いて事実関係を確認するといっても、おそらく息子は話したがらないと思うんですよ。親にも話さなかったくらいだし……。

実際は、このクライエントのいうとおり、なかなか子どもは事実を話したがらない。

息子さん以外にも、関係者の方に話を伺って、その後で、交渉するとか、お金を返してもらうように内容証明を出すとか、そういう手段は、その後という方がよいと思います。

NG！内容証明を出すのは論外であるが、子どもの承諾なく関係者から話を聴き始めることにも問題がある。

関係者というとどういうふうな関係者になるんですか？

学校とか、相手の3人のお子さんたちとかに、私の方から連絡をとって、お話をお伺いしたいということで、法的な介入というのはその後である……と。

相手の保護者の方からもお話を聴いていただくということですか？

はい、「こういう話があるけれど」という形で、話を聴いてみることになります。

NG！子どもの意見を聴かずに方針を決めてしまっている。

わかりました。じゃあ、次に私としてはどういうふうにすればいいですか？

そうですね……お子さんの方に話をしていただいて、私とお話ししていただけるかどうか。お子さんの方で「うん」といってくれるのであれば、私の方でお会いしたいです。それから学校とか、関係者の方々から話を聴く……そういう流れになると思います。

NG！子どもと話をしないまま事件を進めてしまっている。子どもから話を聴くことが最優先である。

わかりました。それではそのような形で対応します。

Case 1 B

カウンセラー　クライエント

こんにちは。今日はどのような相談ですか？

息子がどうもいじめに遭っているみたいなんですよ。

ほんとに！はい、はい、はい。

「相槌」をしっかり打てている。

なぜそういうふうに思ったかというと、あるとき息子のところに友達が３人で訪ねてきて、

はい。

それでその友達が息子に会いたいっていったんですけど

うん、うん。

息子は出て行かなかったんですね。

ほー、遊びに来たの？

遊びに来たような感じで……。

うん、遊びに来たような感じで……。

会いたくないということなんで……扉を閉めた後、私がまだ扉の内側にいたら、外から３人が息子に対して、「借りたもの返せよ！」って言ったんですね。

あー、そういう声が聞こえた？

「オウム返し」がしっかりできている。

はい。それで、あれ？おかしいなって……そういえば以前からも制服とかが汚れていることが多くて、もしかしたらこれはいじめなんじゃないかと……。

ふーん……制服とか、汚れるはずがないような汚れ方をしているの？

はい、そうですね。

かなりドロドロになってたり？ちょっと倒されたりとか小突かれたりとか……しているかもしれない？

状況をより明確化して聴き取っている。

はい。

怪我とかは？

事実をより掘り下げて訊いている。

あまりみせないんですけど、ちょっとあったり……。

そっか……それはちょっとやられてるかもしれないねぇ……それで息子さんに確認しました？

子どもがいじめにあっているという心配な気持ちに共感している。

息子はあまりそういうのは話したがらない方なので、何度聞いてもはっきり答えない……。

はっきり答えない……「借りただろ」という点については？

オウム返しをしてから、その後で質問している。

どうもカードを買ったようなんです。友達から……。
なんかオモチャみたいなカードだと思うんですけど……２万円で買ったっていうんですよ。2万円って普通、あり得ないですよね？

うん、ま、高い金額だよね……。

共感を示している。

買ったということでお金を払えといわれているみたいなんです。

あー、なるほどねえ。
それで、いまはちょっとよくわかんないけど、そういうふうにいじめを受けてるんじゃないかと……ね。

クライエントの考え・気持ちを要約して返している。

はい。

うんうん……心配ですよね……。
うーん……あとはどうするかですよね……。

共感。

はい。まず、こちらとしては、相手の親に対して、本当にお金を借りたりとか、高いお金で買ったりとか、そういうことがあったのかどうかをはっきりさせたい。

共感されたことから、母は自分の意見を述べ始めている。

うん。

枠組設定にいきなり入らず、いったんは母の意見を受けとめている。

まあ……その……法的に何か手段があればやってほしいということと、

うんうん。

学校の先生にその辺の事情を聞いて、学校の責任を問いたい、と思うんですよ。

ま、そういうことがあったということでね……。

はい。そうしたら、どういうふうにしたらいいんですか？

うん……そうねぇ……まあ私はね、一般的にこういうふうな相談に入っているんですけど……弁護士会のね、子どもの権利に関する委員会という所がこの相談を運営しているんですよね。

枠組設定の話を始めるイントロとして、子どもの事件の特殊性から子どもの権利の専門家が対応する事件類型であることを伝えて、信頼関係を醸成している。

はい。

で、私たちの、この相談を担当している委員というのは、基本的に子どもの権利を一番に考えて動いているんですよ。そりゃもちろん今回のね……あなたの息子さんのね……被害者である子どもの権利ということもあるんですけど……加害者である子どもの権利……ということもあるのでね……。

子どもの権利を専門に扱う弁護士の動き方としては、被害者である子ども、加害者である子どもの両方の子どもの権利にそれぞれ配慮した動き方になることを伝え、今後の動き方についての枠組を設定している。

で、やっぱりその……本当にその事実があったかどうかということを探索的に私たちの方で調べて大人の解決のような法的な責任のとり方とかね……大人としての、例えば刑事責任だとか、あるいはそのような形での対応とか、そういうふうな対応は、基本的にはしないんですね。基本的に私たちがやるのは、息子さんがね、いまいる環境で健全な成長をとげられるかどうかが第１、そして、相手のお子さんにも問題があるとすれば、その子がいろんなものを抱えてそのようなことをやっているのかもしれないから、そこで何かお手伝いができれば、ということが第２。

大人の民事事件や刑事事件の解決に向けての動き方とは違っていることを伝え、今後の動き方についての枠組を設定している。

枠組設定を行っている。

だから、ちょっとね……実際にすぐに例えばその原因を究明して……その……誰がどういうことをしたのか、「犯人は誰なんだ！」ということじゃなくてね、そもそもそういうことが起きてしまった、その……背景的なものとか、学校のそういうふうなものも含めてね……少し、こう、ソフトな感じでね……それぞれの所にあまり攻撃的でない形で入っていって、なんとかそこを、こう、修復するような形で……また元の……その……そこで生活しているわけだからね……息子さんが過ごしやすいように整える、と。

探索的な犯人探しをすれば事件が解決するというわけではなく、子どもたちが過ごしやすい学校という環境を調整をする形で動くことになると伝えている。

だから、まあ……もちろん大人の世界であればね……恐喝だとか、教育委員会だとか、学校長との交渉とか、いろいろと法的な手段はいくつかあるんだけど、基本的にはそういうふうなスタンスではすぐにはやらないんですね。

枠組を了解してもらわないと、慎重に動いているのに「動きが悪い」との不満が出る。

なので、いまちょっと私としていえることは、ちょっと事実関係がはっきりしないんだけど、お母さんの方で、いままで以上に子どもの様子を少しみてもらって、学校の帰りにどういうふうに登下校をしているかみるとか……。おそらく学校の先生の目の届かないところでやってると思うんで……その辺の情報を収集するとか……その都度ご連絡いただいて、で、おそらく彼はお母さんのことを心配させたくないからね、お母さんに言いたくないとか、お母さんに言うとかえって話が大きくなるとか、それをあまり望んでいないと思うんですよ。

この問題をここで自分が我慢すれば、またすぐによくなると思っているかもしれないからね。ここで弁護士が入っていって何かやるということは、おそらく彼の希望ではないと思うんですね、現時点では。

子どもの心情について代弁している。

ただ、放っておいてよい問題かというとそうではないし、いじめの程度がどうかとかいろんな問題もあるので、ま、ちょっと気を付けなければいけない事案だとは思うんですね。

放置しておいてよい問題ではないので、気を付ける必要があることを指摘している。

だから、ちょっと様子を少しみてもらって、連絡を密にとりながら、今後少しずつやっていくような感じになりますけどね……。

子どもの様子をみながら、連携を密にとっていくという方針を示している。

はい。結構長期的に……。

枠組が理解された。

そうそう。だから、すぐにはっきりさせたいというのもあるかもしれないけれど、なかなか、はっきりさせることがね……かえって、もう取り返しがつかない事態を招くということもあるので……。このままちょっとね……考えてもらって……やると……。

枠組を再度確認している。

息子はじゃあ、学校には普通に行かなければいけないのですか？

とりあえずね……だから……あの……もし行きたくないとかお腹が痛いから休むとかいったら、どんどん休ませちゃってくださいね。

子どもを無理に登校させないように伝えている。

たぶんいろんな心のそういうものが出てくるかもしれないから……。とにかく「行かなくていい」といって休ませて、それで何か様子がおかしければすぐにお医者さんにみせるとかして、少しそういう形でフォローしていく、と……。
そして、弁護士が付いたことはまだ息子さんにはいわないでね。お母さんの方でちょっと様子をみてみて……また時期をみて、すごく辛い状況にあったら、僕が会って、話をしますから……。
いまは弁護士さんに相談したとかいうと、かえってどんどん閉じこもって一切気付かれないようにしてしまうかもしれないので、そこはちょっと気を付けてもらった方がよいと思う。

介入するタイミングも重要であることについて説明している。

はい。わかりました。

お父さんはどうですか？この問題は知っていらっしゃるんですか？

この問題解決には父親もしっかりと関心を持つことが必要だということを示唆している。

えーっと……あんまりその辺は関心がないみたいで……。

まあ、そういったケースも多いんですよね。お父さんにも話をして、「ちょっとこういうことがあるんだけれど、弁護士さんと連絡をとってやることになった」と言っておいてもらって、最終的にはお２人からきちっと話を聴いて対応することも考えなければいけないので……そういうことでいいですか？

はい。

それでは私の携帯の番号もお教えしますから、何かあったらすぐにご連絡ください。

緊急連絡先に遠慮なく連絡をするように伝えている。

はい。ありがとうございました。

おわりに

キリスト教式の結婚式でよく朗読される聖書の言葉に、使徒パウロのコリントの信徒への手紙の一節がある。

「たとえ私が天使の言葉を話しても、愛が無ければ、鳴る青銅、響き渡る銅鑼に等しい」

たとえ話し手が優しい言葉、知恵のある言葉で話したとしても、話し手の中に、聴き手に対する深い愛が存在しないなら、話し手の言葉は聴き手にとってはただただ大音量の騒音でしかない。聴き手は心の耳を塞ぎ、話し手の言葉は聴き手の心に決して届くことはない。

私が本書で試みようとしたこと、それは「話し手の中に在るべき愛とは何か」を詳らかにすることだった。

そしてこの試みは途方もなく壮大な試みであって、私ひとりの力では到底成し遂げられない試みと思われたので、私は、私と深い繋がりがあり、かつ、私がその愛に満ちたお仕事ぶりに常々接している先生方にコメントやコラムによる応援をお願いした。

本書が世に出たのは、私のあるがままをそのまま受容し応援してくださった方々の大きな愛のおかげである。また、第一法規の小林千紘さんからの愛に溢れた励ましにも日々大いに勇気づけられた。

この場をお借りして心からの感謝の気持ちをお伝えしたい。

笹瀬健児

編集・監修・執筆者一覧

（2020年11月１日現在）

編集・執筆

笹瀬　健児

弁護士

弁護士法人法律事務所リーガルカウンセラーズ 代表

日本リーガルカウンセリング学会 理事長

監修・執筆

山岡　昌之

心療内科医

日本摂食障害治療研究所 所長

認定特定非営利活動法人日本心療内科学会 副理事長

執筆（五十音順）

浅間　牧子

浅間ペンギンＡＢＡ教室 代表

特定非営利活動法人つみきの会 理事

一般社団法人 ＡＢＡ公費化を目指す親の会 理事

小椋　利文

一般社団法人すまい・カウンセリング協議会 代表理事

朝日新聞審査 マイベストプロ東京登録専門家・コンサルタント

公益財団法人住宅リフォーム・紛争処理支援センター 元リフォーム相談部長

志立　玲子

特定非営利活動法人アジア太平洋地域アディクション研究所 事務局次長

リーガルソーシャルワーカー

精神保健福祉士

菅原　　徹
感性工学研究者（Ph.D.）
早稲田大学人間総合研究センター 招聘研究員
スマイルサイエンス学会 代表理事

諏訪　裕子
キューブ・インテグレーション株式会社 シニアコラボレーター
臨床心理士
公認心理師

三好　洋子
自立援助ホーム憩いの家 職員
川崎市子ども夢パーク・フリースペースえん 職員
社会福祉法人青少年と共に歩む会 理事

サービス・インフォメーション

通話無料

①商品に関するご照会・お申込みのご依頼
TEL 0120 (203) 694／FAX 0120 (302) 640
②ご住所・ご名義等各種変更のご連絡
TEL 0120 (203) 696／FAX 0120 (202) 974
③請求・お支払いに関するご照会・ご要望
TEL 0120 (203) 695／FAX 0120 (202) 973

●フリーダイヤル（TEL）の受付時間は、土・日・祝日を除く9:00～17:30です。
●FAXは24時間受け付けておりますので、あわせてご利用ください。

依頼者の心と向き合う！
事件類型別エピソードでつかむリーガルカウンセリングの手法

2021年１月10日　初版発行

編　著　笹　瀬　健　児
監　修　山　岡　昌　之
発行者　田　中　英　弥
発行所　第一法規株式会社
〒107-8560　東京都港区南青山2-11-17
ホームページ　https://www.daiichihoki.co.jp/

装　丁　篠　　隆　二

リーガル手法　ISBN978-4-474-07304-3　C2032　(9)